企业管理的逻辑

The Logic of Enterprise Management

李崇高◎著

结构、演变及应用

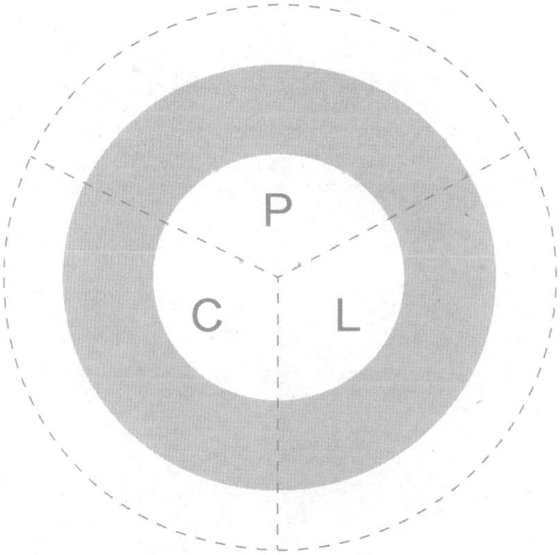

中国经济出版社
CHINA ECONOMIC PUBLISHING HOUSE
·北 京·

图书在版编目（CIP）数据

企业管理的逻辑 : 结构、演变及应用 / 李崇高著 .
北京 : 中国经济出版社, 2025. 6. -- ISBN 978 - 7 - 5136 - 8101 - 8

Ⅰ. F272

中国国家版本馆 CIP 数据核字第 2025WE5417 号

责任编辑　张利影
责任印制　李　伟
封面设计　任燕飞

出版发行　中国经济出版社
印 刷 者　北京艾普海德印刷有限公司
经 销 者　各地新华书店
开　　本　710mm × 1000mm　1/16
印　　张　15. 75
字　　数　200 千字
版　　次　2025 年 6 月第 1 版
印　　次　2025 年 6 月第 1 次
定　　价　68. 00 元
广告经营许可证　京西工商广字第 8179 号

中国经济出版社 **网址** http://epc. sinopec. com/epc/ **社址** 北京市东城区安定门外大街 58 号 **邮编** 100011
本版图书如存在印装质量问题，请与本社销售中心联系调换（联系电话：010 - 57512564）

推荐序一

崇高跟我说，他写了一本书，计划近期出版，想请我帮忙写推荐序，我感到有点意外。一方面，编撰书籍通常是从事理论研究或教学的专家学者之职责，作为咨询师出书的情况并不多见；另一方面，当下处于移动互联时代，人们更习惯于阅读电子书或观看短视频，传统纸质书籍的受众在减少。

为了让读者更好地了解《企业管理的逻辑：结构、演变及应用》这本书，我想先介绍一下我眼中的崇高。

“70后”的崇高从小在苏北农村长大，通过自身不懈努力考入县中、大学，毕业后取得工科学士学位。后来因兴趣原因改学工商管理，并取得工商管理硕士学位。毕业后，他在实体企业从事管理工作多年，自2008年起从事管理咨询工作至今。从崇高老师的履历可以看出，他是一个善于学习、勤于思考的人，是一个对自身有期许并执着努力的人。

崇高是一位咨询老兵，对管理咨询事业有很深的情怀。从经济角度来说，管理咨询行业并不是一个很好的赛道，高度依赖个人能力，难以复制。然而，崇高已经在管理咨询行业默默耕耘了 17 年。在咨询工作中，他能以客户需求为导向，合理界定项目工作范围，为客户提供定制化咨询服务；具体到解决方案，能够奉行“回归常识、追求实效”的宗旨，做到理论联系实际，帮助客户解决具体问题，产生实际效果；而在服务过程中，他善于沟通，及时响应，力争做到尽善尽美，因此赢得了客户的高度认可。

从崇高老师的履历和咨询实践来看，我又觉得他能在这个时点写出这样一本管理类参考书也是情理之中的事了。

这本书的书名叫《企业管理的逻辑：结构、演变及应用》，显然这是一本论述企业管理的书，是论述企业管理规律的书，是和管理咨询工作联系非常紧密的一本书。学习企业管理，需要把握企业管理的内在规律，掌握企业管理之道，这样才能提高管理效率。《企业管理的逻辑：结构、演变及应用》尝试总结企业管理的规律，阐述企业管理之道，帮助管理者高效学习管理知识，并做到学以致用，实现轻松管理。

这本书，所谓讲述管理的逻辑、还原管理的真相，我想不是要“踢场子”或“掀桌子”，而是希望为构建更加积极健康的企业管理生态尽一份微薄之力。只有理论界、咨询界、实践界携手合作，优化管理生态，理论联系实际，才能更好地为企业发展赋能，为经济转型赋能，为发展新质生产力赋能。

崇高集半生的实践与思考，倾其心力打造了本书，既是对个人过往管理经验的一个总结，也是希望通过这种方式分享心得，帮助企业管理者提升管理水平。本书具有一定的理论创新和实践意义，相信读者必将受益匪浅。

蔡　萌

北京和君恒成企业顾问集团董事长

推荐序二

与李崇高先生的相识，始于我们公司“十三五”战略规划的编制，当时，他以咨询总监的身份，以其专业智慧为我们指明了发展方向。多年来，每每遇到管理上的疑惑，我都向他致电请教，他总是像一位老大哥一样不厌其烦悉心指导，用其丰富的管理经验为我解惑。两三年前，便已听闻他有意将多年咨询心得凝结成书，如今，这部凝聚心血的著作即将出版，我满怀期待并由衷地为他高兴。

《企业管理的逻辑：结构、演变及应用》是李崇高先生基于对管理本质的深刻理解和长期实践积累，凭借深厚的管理咨询经验和系统的理论思考，精心打造的企业管理全景图。本书超越了单纯的理论框架，是一部实战指南，既构建了完整的管理理论体系，又通过生动的实际案例，实现了理论与实践的完美结合，让读者既能领略管理的智慧，又能掌握实用的管理技巧。

企业管理，既是一门严谨的科学，又是一门精妙的艺术。在瞬息万变的商业环境中，其重要性日益凸显。无论是初露锋芒的创业新星，还是稳坐行业龙头的巨擘，管理的有效性都是决定其生死存亡、兴衰成败的关键因素。然而，管理并非一成不变的铁律，而是需要持续学习、实践与创新的过程。正如管理大师彼得·德鲁克所言："管理是一种实践，其本质不在于知，而在于行。"它考验着管理者如何通过有效的组织、协调与控制，将有限的资源转化为无限的价值创造。李崇高先生在书中深刻指出："管理的价值不在于逻辑的完美，而在于它所能带来的实际成效。"

在构建管理理论体系时，李崇高先生独辟蹊径，从横向三阶段（组织建设、组织运行、组织文化）与纵向三层次（战略层、运营层、职能层）两个维度，搭建企业管理的立体框架。在追溯管理的演变逻辑时，他如数家珍般从工业革命初期的管理先驱，到科学管理理论与行为科学理论的奠基，再到管理理论丛林的蓬勃发展与当代管理理论的创新发展，为我们勾勒出一幅生动的管理发展图景。正如培根所言："读史使人明智"，通过回顾管理历史，我们不仅能更好地理解当下的管理实践，更能洞察未来的管理趋势。尤为可贵的是，书中不仅梳理了西方管理思想的演进脉络，还巧妙融入了中国古代的管理智慧，如《周易》中的"变易、简易、不易"之道，让读者在东西方管理思想的交融中领悟深层内涵。

在这个充满不确定性的时代，企业管理面临着前所未有的挑战。全球化带来的激烈竞争、技术变革引发的颠覆性影响，都在考验企业的应变能力。而《企业管理的逻辑：结构、演变及应用》正是李崇高先生为管理者量身打造的专业指南，它提供了系统的思考框架和实用的管理工具，帮助管理者在复杂的环境中做出明智的决策，推动企业持续稳健发展。特别是书中提出的"航发模型"与"同心圆模型"，不仅形象地揭示了管理的核心循环机制，还强调了“事”与“人”的平衡之道，引导管理者在追求业务目标的同时，充分激发员工的潜能与活力，实现组织与个人的共同成长。

在此，我想借李崇高先生书中的一句话作为结语：“管理变革永远在路上。”管理的本质就是一场不断适应变化、持续创新与进步的历程。愿本书能成为每位管理者在变革征途中的灯塔，帮助他们在商海波涛中稳健前行，实现企业的理性发展、科学发展，共创辉煌未来。

谭京涛

烟建集团董事会秘书、企业管理部部长

PREFACE 前言

讲述管理的逻辑，还原管理的真相！

高效学管理，轻松做管理！

这是一本为企业各级管理者而写的书，你们是真正的管理践行者。

本书的写作目的是帮助读者了解管理理论的体系结构，建立管理理论的系统思维。这样能够做到纲举目张、提纲挈领，既见树木又见森林，从而提高学习管理的效率。

之所以撰写本书，是因为我认识到对管理理论进行系统思考很重要。一方面，从我自身经历来看，先是接受管理学院工商管理硕士（MBA）教育，接着又为几家实体企业服务多年，后来才进入管理咨询行业。在服务客户的过程中，我逐步完成了对管理理论的系统思考，并认识到建立系统思维非常重要，有助于管理者更好地掌握和运用管理理论。另一方面，在工作过程中，我注意到很多管理者对管理理论认识不全面、不系统，虽然非常注重学习并参加了很多管理培训，但是不得要领，在管理理论学习和实践过程中走了很多弯路，这更加坚定了我要在管理理论系统化方面做一些工作的决心。

新冠疫情期间，我被动地利用大量时间对过往工作进行了回顾，并在管理理论系统化方面进行了再思考，总结了一些心得体会，希望与感兴趣的朋友一起分享。

起初，我只是计划开发一门同名的培训课程，希望通过“企业管理的逻辑”这门具有独特优势的品牌课程帮助企业各级管理者。后来，课程开发完成后，在一些同人和客户的建议和鼓励下，我竟然很意外地写了本书。

本书书名为《企业管理的逻辑：结构、演变及应用》，实际上是用“逻辑”二字串联起三个方面的内容，即管理的结构逻辑（第1~5章）、演变逻辑（第6章）和应用逻辑（第7~8章）。读者通过掌握管理体系的逻辑结构和演变规律，从系统和历史的角度理解管理，并做到学以致用。

在结构逻辑方面，首先，本书创造性地提出了管理体系结构模型，即以“PLC循环”为核心的“航发模型”；其次，本书以读者为中心，把“航发模型”应用在典型企业的三个管理层面，即战略层、运营层和职能层，创造性地提出了以“齿轮结构”为核心的“变速箱模型”；最后，本书把管理体系的“三阶段”和“三层次”结合起来呈现在平面上，就形成了“管理矩阵”，即管理理论的“学习地图”。本书第3~5章对企业纵向三个层面的管理工作进行了简要说明，以帮助读者更好地理解三个层面管理工作的具体内容，加深读者对管理体系的理解。特别是在第4章通过“同心圆模型”分析“运营管理循环”，强调管理过程中“人”与“事”的结合，具有一定的创新意义和参考价值。

在演变逻辑方面，本书尝试在第6章用2万字的极简版管理思想史帮助读者了解管理理论的“前世今生”，从发展演变的历史角度加深对管理理论的理解，以更好地掌握管理理论。

在应用逻辑方面，本书第7章介绍了管理变革的相关内容，说明了管理变革对企业发展的重要意义，并介绍如何通过借助外力开展管理变革工作，如何通过变革管理提升管理变革的成功率，以及在管理变革过程中可以运用的策略和技巧；第8章分析了当下国内外政治、经济形势，在世界经济增长乏力和中国经济转型发展的背景下，希望能够帮助企业制定科学、理性的发展目标，有效防范经营风险，通过管理赋能企业家实现企业可持续发展，体现管理的现实价值和实践意义。

本书涉及的内容比较广泛，侧重点是为了构建一个完整的管理体系。但是，各个章节的内容都比较精练，基本上都是与各个主题相关的“干货”，对具体知识点的介绍比较笼统、简要，因此，理解起来需要具备一定的管理理论基础和实践经验。如果读者对某个章节不太理解，或者对某些内容比较感兴趣，可以再阅读一些相关参考书，进行深入学习。

本书的宗旨是：回归常识，注重实效！希望能够帮助读者透过现象看本质，排除外界的纷纷扰扰，掌握管理理论的底层逻辑，把握管理变革的基本规律，使管理工作卓有成效。同时，希望本书能有助于管理生态的优化，形成理论界、咨询界、实践界的良性互动和融合发展；有利于管理咨询行业转型升级，提升咨询服务的供给质量，形成咨询行业的新质生产力。

本书为管理学习和企业成长导航，助力企业之舟自如地巡航于商海，实现理性、科学发展，相信一定对读者有所帮助。

欢迎读者提出批评和建议，也欢迎读者通过各种渠道与我直接沟通、互相学习、共同提高。与您共勉，在管理精进的道路上一路同行！

李崇高

2024 年 2 月

CONTENTS 目 录

1 管理 ABC

2 管理的体系

3 战略层管理

4 运营层管理

5 职能层管理

6 管理的前世今生

7　企业管理变革

8　管理赋能企业家

1 管理ABC

1.1 管理的定义

“管理”是一个非常普通的词语。在当今人类社会中，这个词语被应用于不同场合和情境，各色人等都常常把“管理”挂在嘴边，脱口而出，自然丝滑。

几乎每一所综合性大学，都会设置经济与管理学院、管理学院、商学院或工商管理系，下设若干与工商管理相关的专业；而工商管理专业是一个较为宽泛的专业，被许多同学称为“万金油”专业，学习过程中感觉什么都学了，又好像什么都学不精，工作过程中感觉好像什么都能干，又好像什么都不会干。

当一家企业业绩下滑，面临降薪、裁员，甚至陷入破产清算的境地时，员工通常会说“企业管理不善”。

…………

那么，当读者在日常工作和生活中高频率使用“管理”这一词汇时，有没有想过管理究竟是什么？管理是不是会有一个逻辑体系，可以帮助读者更高效地学习并掌握管理知识？笔者撰写本书的主要目的就是帮助管理者建立系统的管理思维。首先，让我们了解一下管理的概念。

1.1.1 人类通过组织成为“动物之王”

在人类赖以生存的地球上，生物演化是一个非常漫长的过程：

· 单细胞生物出现在约 37 亿年前；

· 原核生物出现在约 35 亿年前；

· 真核生物出现在约 20 亿年前；

· 多细胞生物出现在约 10 亿年前；

· 脊椎动物出现在约 5 亿年前；

· 约 1.7 亿年前，我们和袋鼠拥有共同的祖先；

· 灵长类动物出现在约 6000 万年前；

· 南方古猿出现在约 300 万年前；

· 智人出现在约 7 万年前；

· 人类从狩猎、采集的流浪生活逐步走向农业革命后的定居生活约在 1 万年前；

· 工业革命始于约 250 年前的英国。

…………

与生物的演化历程相比，我们每个人的生命过程短暂到几乎可以忽略不计。在整个演化过程中，无数动物物种灭绝了，同时新的动物物种不断产生。人类则经过漫长的进化发展到今天，已经在许多方面“具备了较强的改造、利用自然的能力”，尽情地享用地球上的资源。然而，直到今天，论单打独斗依然有很多动物可以碾压人类，可是人类却成了地球上的“动物之王”，这是为什么呢？

有人说，是思维。是的，随着人类的不断进化，脑容量不断增加，智力越来越发达，有了感性和理性的思维，可以通过归纳和演绎不断地加深对自然界的认知。人类逐步掌握了自然界的运行规律，发展到能进行哲学思考的高度，甚至还把人类从自然界中独立出来称为“人类社会”。人类在思维方面确实具有相对优势，但仅仅是思维领先、认知到位就可以了吗？答案是未必。

有人说，是工具。是的，劳动工具非常重要，是生产力三要素之一。人类通过思维发明了劳动工具和武器，大大提高了改造自然的能力，并且通过劳动工具的演变来定义人类的发展历史，如旧石器、新石器、铜器、铁器等。子曰：“工欲善其事，必先利其器。”阿基米德说：“给我一个支点，我将撬动整个地球。”然而，即使配备再强大的工具，一个人的力量总是有限的。

那么，是什么原因使人类如此厉害呢？

答案是组织。人多力量大，团结就是力量。

人类思维的发展和劳动工具的使用非常重要，组织协作需要思维，组织实现目标也需要借助各种工具。通过组织，我们可以建立一个团队，通过分工和协作形成合力，达到“1 + 1 > 2”的效果，实现个人难以实现的目标。人自古就是社会的人，在原始社会，人类通过氏族、部落的方式形成原始组织，从而保护人身安全，获取食物以维持生存，通过组织实现生生不息。

那么，什么是组织？理解组织，首先根据上面的描述总结一下组织的要素。

其一，组织区别于个人的是，组织成员人数大于等于 2。个人不能叫组织，1 个人不能叫团队，1 个人唱歌叫独唱，1 个人跳舞叫独舞，1 个人的行动叫独来独往。

其二，组织必须有共同的目标。人们为了一个共同的目标而走到一起，个人加入组织接受组织规则的各种约束，一定也希望通过加入组织实现个人目标，否则就不会加入组织，组织也就不会成立。因此，目标是组织存在的基本前提。

其三，协作是组织的基本要素。就像物理课程中学习的“合力”似的，人们只有通过协作，互相配合，才能形成合力，提高组织效率，实现组织目标。没有协作，人们就仅仅是一群散兵游勇罢了。在篮球运动中，对助攻数据的重视就充分说明了配合、协作的重要性，个人能力再强也经受不住包夹，毕竟不是每个人都有张伯伦或字母哥那样的天赋。团队精神就是描述成员的协作意识和能力的。

通过上述对组织要素的描述，我们基本上明白了组织的含义。所谓组织，就是两个及两个以上的人在一起为实现共同目标而协同行动的集合体。

人类有发达的智力和系统的思维，通过研发不断改进劳动工具，在此基础上还建立了组织，通过协同合作从而走得更远。组织帮助人类成为地球上的“动物之王”。然而，本书的主题是管理，组织与管理又有何关系？

1.1.2 组织与管理

组织的三要素是人、目标和协作，上文已经进行了系统阐述。但是，组织合力不会自然而然地形成，还需要通过某种活动把组织整合起来协同行动，从而实现组织目标。这种活动大概就属于管理的范畴了。

管理，是指特定组织中的管理者，通过实施计划、组织、领导、控制等职能协调他人的活动，形成合力，一起实现组织目标的过程。

管理大师彼得·德鲁克（1909—2005）认为，管理是一种器官，是赋予组织以生命、能动、动态的器官。德鲁克被誉为“现代管理学之父”，其对管理的描述生动地告诉了我们管理的含义。

亨利·法约尔（1841—1925）是管理过程学派的创始人，古典管理理论的代表人物，被尊称为“管理理论之父”，其对管理的理解与德鲁克有异曲同工之处。他区分了企业的“经营”和“管理”，认为经营包含六种活动，而管理只是其中一种。

本书认为，管理就是组织的控制系统，管理整合了组织的各要素为目标而共同努力奋斗。管理就像人的大脑，是指挥中枢；管理就像电脑的操作系统，类似于 Windows 和 Linux；管理就像手机的操作系统，如 Android、iOS 和 HarmonyOS；管理功能就像机场塔台和煤矿的调度。管理无处不在，无比重要。没有组织，就不会有管理；但是，如果没有管理，就只会有一群乌合之众，而不会有组织。

1.1.3 管理与领导

为了进一步加深读者对管理的理解，这里有必要简要介绍一下领导的含义，需要说明一下管理与领导的关系。

“领导”是被高频使用的一个词语，通常有两种不同的含义。一种含义是名词的领导，指组织中的高层管理者，这应该是在汉语语境中被优先联想到的含义。在工作中，我们通常会遇到形形色色的领导，听到“领导”二字，神情立刻紧张、严肃，调整好状态等待领导指示。

而我们这里讨论的“领导”是另一种含义，是指动词的领导，即指导和影响组织成员为实现组织目标而做出努力和奉献。我们把领导看成管理活动的一部分，是管理的一个环节。为了加以区分，我们把名词的“领导”，即高层管理者，称为“领导者”。

领导行为发生需要具备以下要素：

（1）领导者必须有下属和追随者，要与组织中的其他成员发生联系；

（2）领导者必须具有影响下属的能力；

（3）领导的目的是影响被领导者为实现组织目标做出努力，而不是体现个人权威；

（4）领导者具有不对称的权力。

与领导力相关的各种课程是当下比较热门的培训课程，这里有必要简要做个说明。何谓领导力，就是动员组织成员为了共同目标努力奋斗的艺术，领导力的实质是影响力。普通人也能使用领导力，可以帮助领导者把自己和其他人最好的状态发挥出来。所以，不要误以为只有高层管理者才可以学习领导力课程，才需要在工作中使用领导力，其实领导力没有那么神秘，它是所有管理者都需要提高的基本管理能力。

因此，领导是管理的一部分，是管理循环的一个重要环节，是提高组织执行力的关键，优秀领导力是做好管理工作的基础和保障。

1.2 管理的价值

前文在论述组织与管理的关系时，已经明确了管理是组织的一种活动，是组织的器官。这里，我们再系统地梳理一下管理的功能和作用，进一步强调管理的重要性，希望引起重视，促使管理者提高管理意识和能力。

1. 把握方向

目标是组织的首要构成要素，是组织存在的理由，也是管理的行动指南。所以，做管理工作首先必须把握好组织的方向和目标，并把目标进行分解，层层明确目标和责任，让组织中的所有成员都有方向感。

2. 控制路径和节奏

在目标明确后，还需要设计实现目标的途径。要细化设计行动方案，科学评估方案，选择最适合组织的方案，提高成功率，降低风险。另外，也需要控制行动的节奏，把握好进度，选择在合适的时机做合适的事。

3. 提高组织效率

在方向明确的前提下，组织效率至关重要。我们通过“多、快、好、省”阐述组织效率。

“多”，代表在单位时间内做得更多，对应到企业中就是指更多的产量、销量、利润等。

“快”，代表的是速度。首先，只有速度快，才能实现多；其次，在创新方面，速度快很关键，高效率的创新可以尽快推出新产品，抢占竞争先机；最后，在客户服务方面，快速响应非常关键，可以提高客户满意度和忠诚度。

“好”，是消费升级的概念，随着社会、经济的发展，人们的消费需求不断升级，已经实现由“从无到有”到“从有到好”的转变，质量管理已经变成企业制胜的利器。

“省”，是通过管理提高组织效率，降低产品的生产成本和流通成本，提升企业竞争力。

管理就是通过提升组织效率实现组织“多、快、好、省”地高质量发展。

4. 控制风险

管理不仅可以帮助企业高效运行、快速发展，还可以帮助企业有效地防范经营风险，让企业像“复兴号”一样跑得又快又稳。

安达信，是“五大”会计师事务所之首，百年企业，只因为一件事就消失在审计的江湖，活成了传说，走进了历史，也成就了今天的“四大”。而当下的普华永道正处于恒大事件的旋涡中，结果难料。光伏行业的尚德、赛维，当年是何等风光，然而，最终却输给了周期。当今地产行业也不过是在重复昨天的故事而已，当恒大等企业高歌猛进的时候，它们想的甚至是青史留名、流芳百世，哪里还有半点对周期和规律的敬畏呢?

而光伏行业的常州天合、建筑工程行业的烟建集团，却是正面的例子。江湖险恶，未来谁也不知道会怎样，但起码当下它们已经顺利度过了多个行业低谷期。也许它们在行业高峰期并不是最闪耀的那一类，但是它们的掌舵者一定是最清醒的，这些企业实现了高质量发展，是很稳健的。

风险控制无比重要，企业经营好坏并不是股东多挣少挣那么简单，企业是社会的一个细胞，是要承担一定的社会责任的。如果企业经营不善，面临裁员甚至倒闭的困境，将会带来严重的社会问题。而管理，包括内部控制、全面风险管理，就是要有效防范企业运行过程中可能面临的各种风险，确保企业健康发展、行稳致远。

5. 提高员工满意度

管理优秀的企业，视员工为资源、资本，企业可以整合公司目标和员工目标，与员工协同发展、共同成长。给员工创造工作机会，让员工在企业搭建的事业舞台上翩翩起舞，员工当然就会满意、感恩、忠诚。这样，企业不仅体现了社会价值，也可以更好地实现经济目标。

1.3 管理理论的来源与应用

管理大师德鲁克说：“管理是一种实践，其本质不在于知，而在于行；其验证不在于逻辑，而在于成果；其唯一权威就是成就。”这句话非常经典，强调了管理实践的重要性，知而不行，等于未知。在管理方面，先哲王阳明先生的心学思想非常适用，“知行合一”的思想可以完美地说明管理理论与实践的关系，或者也可以叫“理论联系实际”，但前提是管理者首先必须具备“良知”。

这样，管理理论的来源就很清楚了。

1.3.1 管理理论的来源

1. 理论界

理论界通过对一线实践的研究，总结形成管理理论，又用来指导实践，当然是管理理论的主要来源。组织理论的奠基人马克斯·韦伯就是一位卓越的学者，他对社会学、宗教、经济学和政治学都有广泛的兴趣，并为管理学做出了杰出贡献，是古典管理理论的代表人物。霍桑实验开创了社会人时代行为科学理论的先河，而该项工作就是由麻省理工学院和哈佛大学有关专家共同完成的。建立“五力模型”“价值链模型”，提出三种基本战略，为战略管理理论做出卓越贡献的迈克尔·波特（1947—）是哈佛商学院的教授，被企业管理界公认为“竞争战略之父”“活着的传奇”。

2. 咨询界

咨询界如麦肯锡、波士顿等管理咨询公司，作为联系理论界与实践界的桥梁，在工作中接触了大量工商业管理实践案例，开发了大量的管理工具，为管理理论做出了一定的贡献。

3. 实践界

理论来源于实践，又用来指导实践，管理理论也不例外，管理实践者是管理理论的主要来源。“科学管理之父”弗雷德里克·温斯洛·泰勒是一个哈佛的肄业生，从一线操作工做起，最终做到了总工程师、总经理职位。“管理理论之父”亨利·法约尔中专毕业，从矿业工程师做起，最终做到了矿长、矿群经理、总经理职位。社会系统学派的创始人切斯特·巴纳德，在哈佛大学学习经济学，没有拿到学位，曾就职于 AT&T 和贝尔公司，终身致力于组织和目标理论的研究，被授予 7 项荣誉博士学位。

1.3.2 管理理论的应用

那么，都有哪些人会应用到管理理论呢？其实，主要还是上述这三类人群在应用管理理论开展相关工作。

1. 理论界

理论界的管理专家和学者，对管理理论和实践进行了长期的跟踪和研究，在管理创新的过程中也需要理论联系实际，先继承再创新，在前人的基础上不断攀登新的高峰。

2. 咨询界

咨询界的从业人员，特别是一线的咨询顾问，其使命就是帮助客户提高管理水平。他们在工作过程中需要应用到各种管理理论，并且需要把理论开发成咨询工具应用到企业日常经营管理工作中。

3. 实践界

理论来源于实践，目的是指导实践，实践界对管理理论的应用非常广泛，实践是进行管理理论研究的出发点和归属。上文已经说明，管理是组织的器官，没有管理，组织就是乌合之众，所有的组织都需要进行管理，在管理理论的指导下开展工作。无论是政治组织、军事组织，还是社会组织、经济组织，都需要管理，都需要应用管理理论和知识。

2 管理的体系

2.1 什么是体系

体系，泛指一定范围内或同类的事物按照一定的秩序和内部联系组合而成的整体，是不同子系统组成的系统。根据体系的概念，我们主要从以下两点来加强对体系的理解。

1. 整体性

在实践中，我们研究管理要掌握管理的全貌，不能以偏概全。本书的写作目的，正是试图通过建立管理体系的整体思维框架，帮助读者看到企业管理的全景，从而形成对企业管理的整体认知。

2. 系统性

从概念可以看出，体系的各个子系统组成了整体，而各个子系统之间是相互联系的，是有秩序的，也就是说，体系的组成是具备内部自洽的逻辑结构的。本书后面的内容正是要在对企业管理有整体认知的基础上进一步分析管理的逻辑体系，包括管理的结构逻辑、演变逻辑和应用逻辑。

2.2 为什么要建立体系

管理大师德鲁克曾说，管理的验证不在于逻辑而在于成果，那为什么还要花费大量精力去研究、建立、推广管理的逻辑体系呢？我们主要通过以下两点进行说明。

1. 体系有价值

掌握了管理的体系，管理者可以了解管理的全貌，并理解管理的结构和逻辑，有助于更高效地学习管理知识，做到理论联系实际，提高管理水平。正所谓“高效学管理，轻松做管理”。

目前，管理有“三多”。一是理论多。各种学术论文目不暇接，各种管理思想让人眼花缭乱，使实践中的管理者深陷理论“丛林”，晕头转向，迷失自我。二是书多。机场、火车站、汽车站、书报亭、互联网到处都充斥着经管类相关书籍，但真正有思想、有价值的书不多。三是各种管理培训多。高端的如各类 MBA 课程、总裁班课程、私董会等，低端的培训取证课程也很多。企业中的各级管理人员不一定对管理理论很熟悉，很容易被误导，从而对管理产生误解，感到迷茫。

我们之前有个民营企业客户，创始人因为小时候家庭条件所限没有经历系统的学校教育，创业成功之后非常重视学习，在全国各地各种场合参加各种培训，听着好像都有道理，但在实践中不知道如何去应用，这就是一个典型的案例。

如果能掌握系统的管理理论，就可以有效地甄别相关理论、书籍和培训课程的价值意义，有针对性地进行学习，提高学习效率。

笔者根据亲身经历，也深刻体会到管理体系的价值。笔者通过系统学习 MBA 课程后，对企业管理的各方面有了全面认知，但因为缺乏足够的实践经验，尚做不到融会贯通。毕业后，笔者一直从事某种职能工作，没有机会像亨利·法约尔那样可以从总经理的角度来研究管理，职能工作重在执行，对管理系统性的认知仍然不够。直到后来笔者从事管理咨询工作，接触到各种结构化的管理分析框架，才逐步形成管理理论的系统思维，从而对过去纠结的一些管理问题豁然开朗，并能举一反三，触类旁通。

2. 现有体系不够理想

在笔者曾经学习过的 MBA 入学考试教材中，把管理过程总结为计划、组织、领导和控制，并在这个框架内归纳了丰富的内容，尤其是一些实用的管理工具。在咨询过程中，笔者也运用了诸如“战略三角形”“7S 模型”“价值链模型”等分析工具。管理过程学派的各位大师也都提出了自己的思考模型。但是，笔者结合自己的学习、工作和咨询实践，总觉得不是很完美，于是经常琢磨是否有可能对管理体系进行归纳总结，建立一个更全面、更系统的管理体系框架，从而提高其实用性。

2.3 管理体系构建的基石

体系的构建不是那么简单的事情，不可能来自一时的灵感，而是需要在长期理论联系实际的基础上不断积累，才可以形成系统思考。即使这样，要想使体系框架具有实践意义，获得理论界和实践界人士的肯定与认可，也很不容易。而且，一个非理论界的管理咨询师所建立的体系框架，通常会缺乏很强的说服力，这在西方管理学发展历程中是有过多次例证的。霍桑实验及组织行为理论的提出，并不都归功于梅奥，他们背后的哈佛大学和麻省理工学院起到了非常重要的背书作用。德鲁克强调管理是一门实践学科，他长期不被管理学界认同，他的成功是因为在实践界圈粉无数，流量爆表。

建立一个管理体系，并不是在管理理论方面有什么重大创新和突破，而是要建立一个管理理论的系统思维框架（“学习地图”），帮助读者更好地学习、运用管理理论。在构建整个管理体系的过程中，主要是基于以下三个方面的内容：PDCA 循环、亨利·法约尔的五要素管理思想和笔者在咨询工作中总结的组织管理三阶段诊断模型，这是后续建立管理体系结构的基石。

2.3.1 PDCA 循环

PDCA 循环是由美国“统计质量控制之父”沃特·阿曼德·休哈特首先提出的。美国质量管理学家戴明博士对其进行深度挖掘，并将其应用到产品质量管理的过程中，形成了一套独具特色的科学管理体系，即 PDCA 循环，又称“戴明环”。

PDCA 循环体现了科学认识论的一种具体管理手段和一套科学的工作程序，是质量管理的基本方法，也是企业管理各项工作的一般规律。PDCA 管理模式的应用对我们提高日常工作的效率有很大的益处，它不仅可以在质量管理工作中运用，也适用于其他各项管理工作。

· P（Plan）：计划制订阶段，确定方针、目标以及制订活动计划；

· D（Do）：计划实施阶段，具体运作，实现计划的内容；

· C（Check）：检查阶段，总结执行计划的结果，明确效果，找出问题；

· A（Action）：处理阶段，对检查的结果进行纠偏处理。

PDCA 循环提供了一种持续改进的思想，也就是说，这个循环是围绕着目标持续优化，不断重复进行的，只有进行时，没有完成时（见图 2.1）。

PDCA 循环包括大环套小环的思想。我们从两个维度来理解这个思想：一方面，从组织细分的维度来考虑，从公司整体逐级分解到部门、岗位甚至是一项工作职责，都可以看成一个工作循环；另一方面，从时间维度来考虑，战略周期、年度、季度、月度，甚至到周和天，也都可以看成一个循环。而它们都可以体现大环套小环的思想（见图 2.2）。

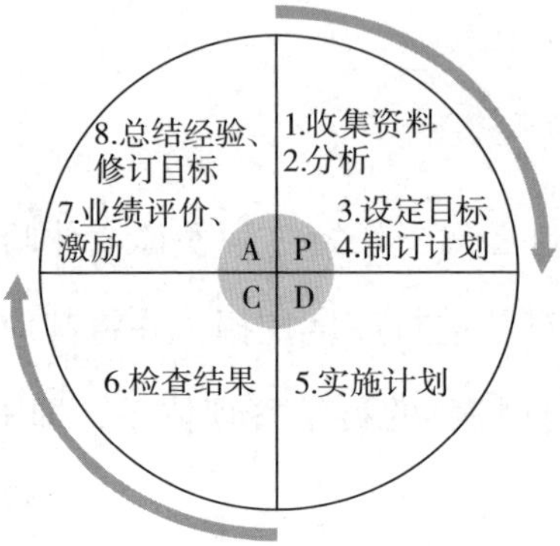

图 2.1　四阶段、八步骤、持续改进

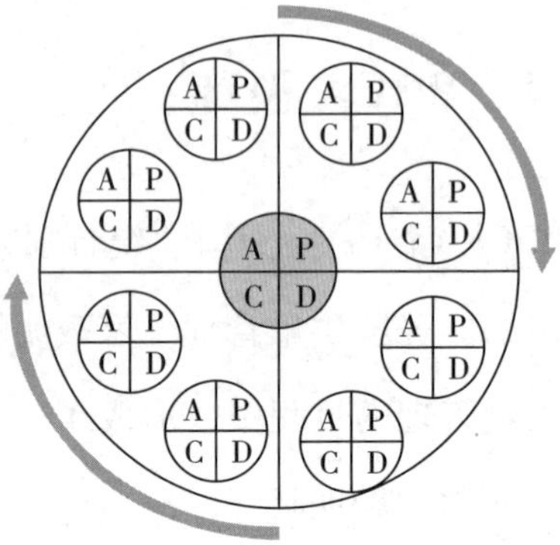

图 2.2　大环套小环

2.3.2　亨利·法约尔的一般管理思想

亨利·法约尔，法国管理学家，后人尊其为“管理理论之父”，是古典管理理论的三位代表人物之一，亦为管理过程学派的创始人。1860 年，法约尔毕业于矿业学校，成为一名采矿工程师。他 25 岁成为矿长，31 岁成为矿井经理。1888 年，法约尔所在公司濒临破产时，他被提升为公司总经理，通过出色的管理，使公司的生产经营重回正轨，并创造了非常优异的业绩。他曾担任法国陆军大学和海军学校的管理学教授，在邮政机关做过管理调查。1918 年退休后，他创立了管理研究中心，并亲自担任领导者，该组织对法国企业、陆军和海军的管理产生了很大影响。

法约尔认为，管理理论是各类组织所必需的，首先，管理在各种类型的组织中都存在；其次，当管理层级上升时，管理能力越来越重要；最后，管理知识能够被传授，每个人都应该学习管理，因为它对工业和非工业组织及家庭都非常重要。

法约尔还认为，管理中人的因素非常重要，与人相关的问题超过管理者所面临问题的一半，因此在管理过程中加强沟通非常重要。

法约尔于1916年发表了其管理学经典著作《工业管理与一般管理》，在书中对其管理思想进行了集中阐述。

1. 区分经营和管理

法约尔通过对企业活动的研究，提出“经营”与“管理”是两个不同的概念，管理包含在经营中，认为企业的全部活动分为以下6种：

（1）技术活动（生产、制造、加工等）；

（2）商业活动（购买、销售、交换等）；

（3）财务活动（筹集和有效利用资本）；

（4）安全活动（保护财产和人员）；

（5）会计活动（财产清点、资产负债表、成本核算和统计等）；

（6）管理活动（计划、组织、指挥、协调和控制）。

法约尔把管理活动从经营活动中提炼出来，并加以研究，得出了普遍意义上的管理定义，即“管理是普遍的一种单独活动，有自己的一套知识体系，由各种职能构成，管理是通过完成各种职能来实现目标的一个过程”。

2. 管理五要素

法约尔提出的管理五要素，为现代管理学理论体系的建立奠定了基础，对管理实践具有重要的指导意义。

（1）计划（planning）。计划是法约尔十分重视的一项职能，他认为管理意味着展望未来；在制订计划时，要考虑到下级管理人员和一般工人的意见；一个好的计划应该具备统一性、连续性、灵活性、精确性四个特点。

（2）组织（organizing）。组织就是为企业的经营提供所有必要的原料、设备、资本、人员。组织分为物质组织和社会组织，即企业在获得必要的物质资源后，就要进行社会组织活动，并进行所有的经营活动。

（3）指挥（directing）。组织建立以后，让组织发挥作用，就是指挥的任务。指挥是一种以某些个人品质和对管理一般原则的了解为基础的艺术。

（4）协调（coordination）。法约尔认为，在一家非常协调的企业中，每个部门的工作都要与其他部门步调一致，在工作过程中需要加强沟通，而部门领导的每周例会是沟通的最好方法之一。

（5）控制（controlling）。控制就是要证实企业的各项工作是否和计划相符合，目的在于找出工作中的缺点和错误，以便纠正并避免重犯。为了有效控制，控制活动必须及时执行，伴以适当的奖励和惩罚。

3. 管理的 14 项原则

法约尔根据自己长期的经验提出了一般管理的 14 项原则，这 14 项原则的提出标志着其管理理论的形成。

（1）劳动分工。劳动分工是合理使用个人力量和集体力量的最好办法。

（2）权力和责任。权力和责任之间存在着一种因果关系。

（3）纪律。纪律是由领导者决定的，无论哪个社会组织，纪律状况都取决于领导者的道德状况。

（4）统一指挥。统一指挥是指一个下属只应接受一个领导者的命令。

（5）统一领导。为了力求达到同一目的的全部活动，只能有一个领导人和一项计划。

（6）个人利益服从集体利益。在一家企业中，不能将一个人或一些人的利益置于集体利益之上，个人利益必须服从集体利益。

（7）人员的报酬。人员的报酬是其服务的价格，应该合理，并尽量使企业及其所属人员（雇主和雇员）都满意。

（8）集中。该原则主要讨论集权和分权的问题。

（9）等级制度。等级制度就是从最高权力机构直至底层管理人员的领导序列。

（10）秩序。组织的秩序意味着在组织中的每一个人和每一种物都有一个恰当的位置，包括物的秩序和人的秩序。

（11）公平。公平是由善意与公道产生的，公道是实现已订立的协定。

（12）人员的稳定。法约尔特别强调，企业管理人员的稳定尤其重要。

（13）首创精神。首创精神是指人们在工作中的主动性和创造性，是组织充满生机和活力的保证。

（14）团结精神。全体人员的团结是企业的巨大力量，为了实现团结，管理人员应避免使用可能导致分裂的分而治之的方法。

4. 管理人员的能力素质模型

亨利·法约尔认为，管理人员应该具有特别的素质和能力。

（1）身体条件，即健康、精力充沛、谈吐清楚。

（2）智力条件，即具有理解和学习能力、判断能力和适应能力等。

（3）精神条件，即有干劲、坚定不移、愿意承担责任、主动、忠诚、刚毅、有尊严。

（4）通用知识，即一般地熟悉而不仅限于所从事职能的各方面知识。

（5）专门知识，即任何职能所特有的知识，如技术、商业、财务、管理等专业知识。

（6）经验，即从本职工作中获得的知识，就是把个人从工作中吸取的教训加以整理。

法约尔还认为各种人员在管理的等级中所处的地位不同，其必须具备的能力的相对重要性也不同。随着企业由小到大、管理者职位由低到高，其管理能力在管理者必备能力中的相对重要性不断提升，而其他诸如技术、商业、财务、安全、会计等能力的重要性则相对降低。

5. 重视管理教育

在西方现代管理史上，法约尔最早提出管理教育的重要性和必要性。他认为，由于大公司和其他组织日益壮大，领导者必须接受管理方面的培训，而不是固守技术教育、商业教育的规定，也不是只按自己的想法、原则与经验行事。他大力提倡在大学和专科学校中开设管理课程，传授管理知识，通过管理教育获取并提升管理能力。

法约尔是古典管理理论的三位代表之一，是管理过程学派的创始人，他提出的一般管理理论具有系统性和前瞻性的特点。系统性，体现在他创立的理论是站在总经理的角度看管理，看到了企业管理的全貌，他提出的框架可以兼容和集成泰勒的科学管理理论与韦伯的科层制组织理论，是一个空前绝后的创举。前瞻性，体现在他提出的理论超越了他所在的时代，他的理论在其有生之年都被笼罩在科学管理原理的阴影下，即使活到了 84 岁也没有得到充分认可。

仰望管理的天空，星光灿烂，我想亨利·法约尔一定是最闪亮的那一颗！

2.3.3 组织诊断模型

在过去的咨询实践中，我们曾经对组织管理诊断框架进行过思考，开发并使用过“组织结构—组织行为—组织文化”三阶段诊断模型。

（1）组织结构。主要是从组织设计的角度来分析，类似于韦伯的科层制，主要研究组织分工和授权的合理性。

（2）组织行为。主要是考虑到即使组织设计很完美，在运行过程中也可能会出现职能交叉、职能遗漏、多头领导、越级指挥、越级汇报、部门墙等执行问题，我们把这类问题纳入组织行为范畴。

（3）组织文化。我们认为是组织运行过程中日积月累，形成了组织的文化和风气，把这方面存在的问题归纳到组织文化的范畴。

这个模型很简单，尝试对组织诊断工作进行结构化的思考，在咨询工作中确实也给予了我们一定的帮助。我们后面接着介绍的管理体系结构模型从这个诊断模型中获得了关键的启发。

2.4 管理体系结构模型的构建

2.4.1 第一步：管理的逻辑与管理的职能——PDCA 的故事

初次接触 PDCA 循环是我大学本科毕业不久，一次在与同学喝茶闲聊的时候，他向我介绍了工作中刚学会的 PDCA 循环，通过他的介绍，我懵懵懂懂，感觉好像挺有道理。

后来，我在 MBA 入学考试和课程学习中，多次接触这个概念，感觉很明白了，就是这么个道理，也没有深入思考。

在咨询工作中，有个项目涉及管理标准体系的设计，我向一位同事请教有关 ISO9000 质量管理体系的问题，他以前在外资企业参与过体系贯标工作。他告诉我整个体系的结构就是一个 PDCA 循环，大循环套小循环。我后来系统研究了一下，感觉是这么回事。

新冠疫情期间闲来无事，我又看到了 PDCA 循环的相关文件，发现其中有这么一句话，“PDCA 管理模式的应用对我们提高日常工作的效率有很大的益处，它不仅可以运用到质量管理工作中，同样也适用于其他各项管理工作”。这句话引起了我的思考，过去都觉得这个戴明环是质量管理的工具，怎么也适用于其他各项管理工作了呢？这个时候，我隐约感觉到这个 PDCA 管理循环可能是管理的基本逻辑，这也和过程学派的管理思想相吻合。

而以法约尔为代表的过程学派管理思想，把管理的职能提炼为五要素：计划、组织、指挥、协调和控制。

过程学派的管理五项职能和 PDCA 循环的四个环节看起来类似，两者之间有一定的内在联系，只要我们将其很好地匹配对应起来，应该就可以明晰管理的逻辑了。

初步的对应关系如图 2.3 所示。

图 2.3　PDCA 循环与管理的职能

2.4.2　第二步：从 PDCA 回归 PDS——本土化的考量

在上面的思维框架中，管理的职能“控制”对应着 PDCA 循环中的“检查（C）”和“处理（A）”，表面上看起来有点不协调，是否可以优化得工整一点呢？是的，这时候笔者想到了戴明 PDCA 循环的源头是 PDS，即 Plan－Do－See，来自美国“统计质量控制之父”沃特·阿曼德·休哈特，感觉到 PDS 结构和管理的职能匹配得更融洽。接着，笔者觉得“See”的含义不是非常直白，结合中国企业的管理实践，便把“See”替换为“Summarize”，也就是我们中国企业的管理者都非常熟悉的“总结”。这样，彼 PDS

就演变成此 PDS，即从“Plan – Do – See”演变到“Plan – Do – Summarize”。于是，思维框架得到了进一步进化（见图 2.4）。

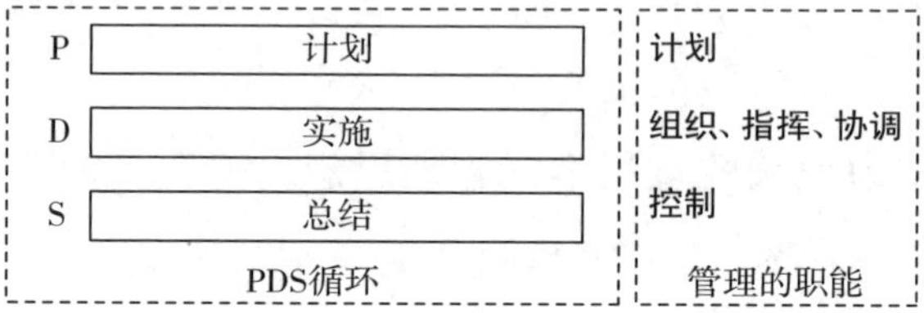

图 2.4　进化后的 PDS 循环与管理的职能

2.4.3　第三步：对“组织”职能的结构化——建立“管理的逻辑”

通过上述第二步的分析，PDS 循环中的“计划”和“总结”已经与管理职能中的“计划”和“控制”建立了对应关系，关注的焦点对准了实施（D）与“组织、指挥、协调”如何进行对应。而指挥和协调是实施（D）过程中的管理职能，我们可以用“领导”来进行概括，这样就只剩下一个“组织”的职能和 PDS 循环无法进行对应，其他管理职能和 PDS 循环的三个环节都匹配起来了（见图 2.5）。

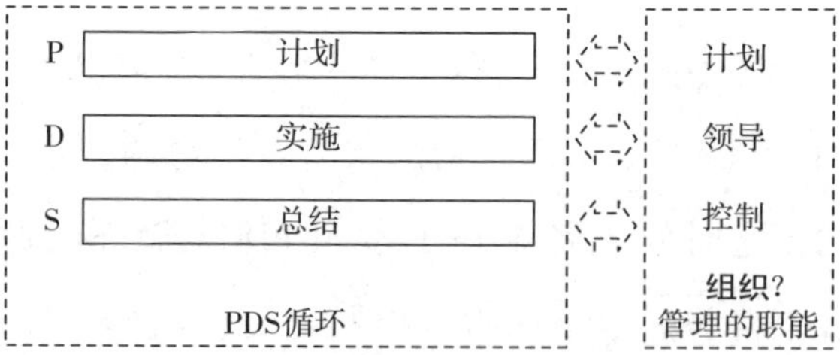

图 2.5　PDS 循环与管理职能的对应

到这一步，研究的焦点就对准了管理的职能——“组织”。PDS 循环是一个组织运行的循环，而“组织”只包括“组织运行”吗？

这时，笔者就自然联想到了之前运用过的组织诊断三阶段模型，但明显感觉到“组织结构—组织行为—组织文化”的结构化思路不完善，这是个组织诊断思路，这里并不适用。于是，在此基础上笔者建立了新的三阶段模型，即“组织建设—组织运行—组织文化”。组织建设，涵盖了组织的物理要素、人的要素和管控体系的要素；组织运行，代表组织正常的运转，是一个循环；组织文化含义没有变。

原来，图 2.5 两边并不是一一对应的，左边的 PDS 循环只代表组织运行，缺少了组织建设和组织文化的内容。同时，图 2.5 右边的管理职能之间的逻辑也清晰了，“计划—领导—控制”构成了一个完整的管理循环，而“组织”职能却不是管理循环的一部分。于是，思维框架图又得到了进一步演化（见图 2.6）。

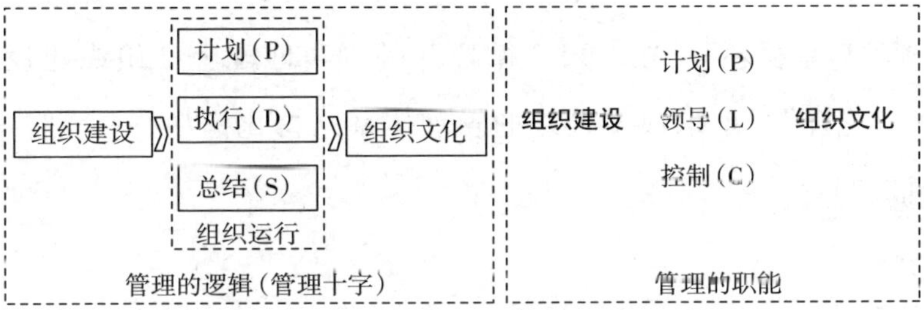

图 2.6　管理的逻辑（管理十字）

演化到这个阶段，思维框架图的两边实现了完美的匹配。从而，我们就建立了管理的逻辑，即“管理十字”。

简单地说，管理就是打造一个组织，推动组织运行，形成组织文化。甚至运用工程项目的思维，管理一个组织可以理解为建设和运营一个组织。

2.4.4 第四步：管理体系的结构化——"PLC 循环"和"航发模型"

研究图 2.6 这个模型的左边，在组织建设、组织运行和组织文化三项内容中，执行频率是完全不一样的。组织文化类似于组织运行的一个环境，变化是最慢的，是企业在长期运行过程中有意识或无意识形成的；而组织建设内容，包括组织的硬件、软件和人员的配备，在日常组织运行过程中也只是局部的维护，并不是每个管理循环周期都会进行整体的重新设计，在过程控制的小循环中，几乎都是不变的。从而，管理的核心逻辑是"计划—执行—总结"，这是一个更清晰的高频率的管理的循环。而对应的管理职能为"计划—领导—控制"，从而就形成了与"PDS 循环"相对应的管理"PLC 循环"。在"PLC 循环"外围再匹配上"组织建设环"和"组织文化环"，就形成了最终的管理体系结构化模型——"航发模型"（见图 2.7）。

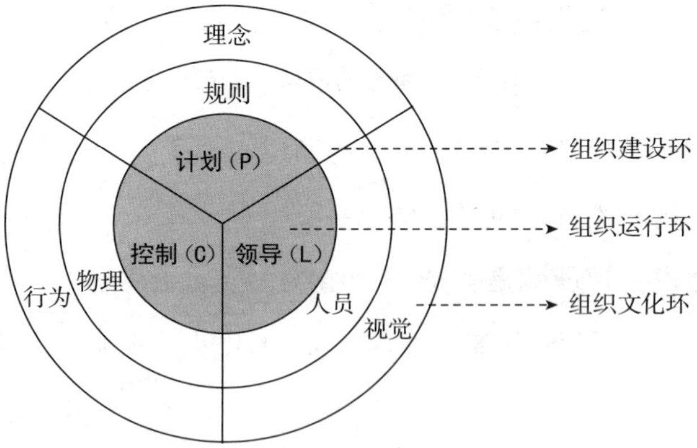

图 2.7　管理体系结构（"航发模型"）

“航发模型”的核心是“PLC 循环”，分别代表计划（P）、领导（L）和控制（C）。其中，领导主要包括指挥和协调，指挥主要是从纵向考虑，协调主要是从横向考虑，最终通过领导把组织凝聚起来，形成合力。

中间层是组织建设环，主要包括三个方面的内容，即物理、规则和人员。物理，主要是指企业的基础设施，包括生产线、厂房、办公设施等；规则，主要是指组织控制结构和管理标准，是组织运行的规则；人员，主要是指人员的配备，包括人力资源规划、招聘、培训、薪酬、绩效等。

最外一层是组织文化环，主要包括三个方面的内容，即精神文化、制度文化和物质文化。精神文化，主要包括企业的愿景、使命、价值观等核心理念，是思想层面的上层建筑；制度文化，主要是指企业的行为规范、风气等；物质文化，主要是指以 VI 系统为基础的视觉识别系统。

图 2.7 非常类似于航空发动机的截面图。中心的组织运行环（“PLC 循环”）类似于航空发动机的涡扇，代表管理循环；中间的组织建设环类似于航空发动机的外壳；而最外层的组织文化环类似于航空发动机外部的大气层，是发动机运行的环境。所以，笔者把该模型命名为“航发模型”，希望通过形象直观的模型帮助读者更好地理解管理的结构体系，当乘坐飞机时看到航空发动机就可以联想到管理体系的结构，温习一下管理的知识。

演化到这一步，我们终于明白为什么管理体系的核心是一个循环，是一个过程。从而，我们也就理解了为什么管理过程学派的影响力这么大，为什么说法约尔是管理理论体系的集大成者，为什么称其为“管理理论之父”，以“PLC 循环”为核心的管理结构模型“航发模型”就是答案。

2.4.5 第五步：管理的整体框架——“齿轮结构”和“变速箱模型”

上文第四步，尝试对管理体系进行了结构化思考，基于前人的研究形成了系统思维，相信肯定会给予实践中的管理者一定的启发。之前各种管理体系模型基本都是比较笼统的分析，但我们的想法有点不一样，为了使建立的体系更有实践意义，我们结合企业管理层级进行了进一步的分析。在一家典型的企业里，将管理分为三个层次，分别为董事会负责的战略层、经理人团队负责的运营层和部门负责的职能层。根据各企业的实际情况，管理层次的划分各不相同，我们这里只根据典型企业的情况从以上三个层次进行分析，从而形成了企业管理的整体结构——“齿轮结构”。三个层次的管理循环环环相扣，“战略环”驱动“运营环”，而“运营环”又进一步驱动“职能环”，就像变速箱中的齿轮结构一样，所以得名。然后，我们再给这个齿轮结构披上“组织建设”和“组织文化”的外衣，也就形成了我们建立的所谓“变速箱模型”（见图 2.8）。该模型表达的是企

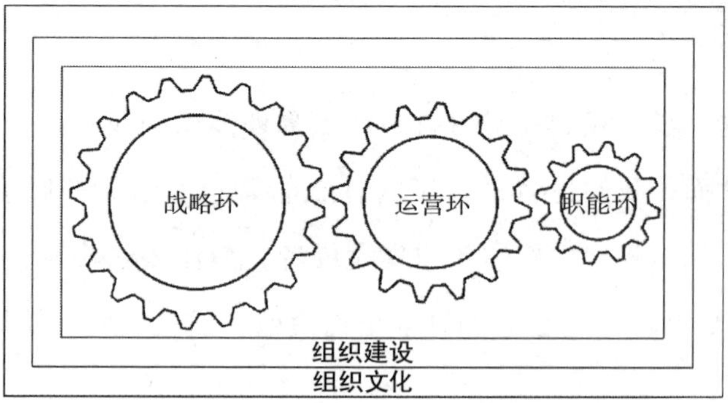

图 2.8　管理体系整体框架（“变速箱模型”）

业管理体系的整体框架，重点是想通过“齿轮结构”强调战略层管理是怎么驱动运营层管理和职能层管理的，也就是表达战略目标是怎么被层层分解并得到落实的。

2.5 企业管理的学习地图

如果我们把管理体系按照横向和纵向展开，横向代表企业管理的三阶段（组织建设、组织运行和组织文化），纵向代表企业管理的三层次（战略层、运营层和职能层），就形成了图 2.9 所示的管理矩阵。这样，可以加深读者对管理体系的理解，使其掌握管理体系的全貌，同时，管理者也可以根据自己在企业中的职位对号入座。

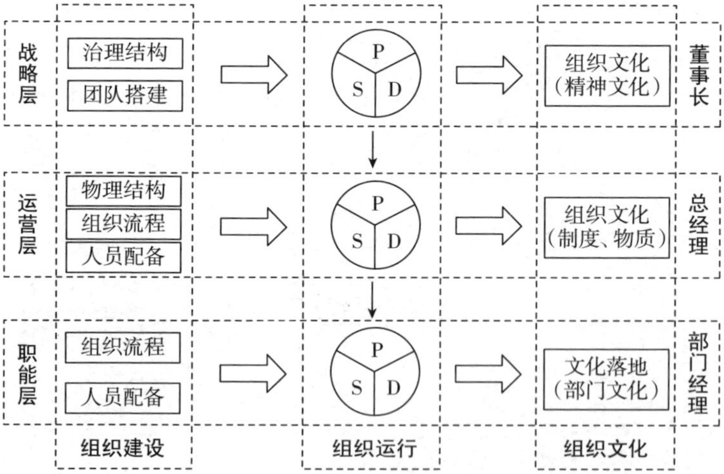

图 2.9 企业管理矩阵

遵循读者导向的原则，第3～5章内容我们将按照战略层管理、运营层管理、职能层管理的顺序依次展开。希望通过相关管理模块的说明，让管理者了解相关内容的概念，熟悉相关工作的展开逻辑。这样，管理者可以对相关内容有一个全面、系统和初步的了解，如果有兴趣，则可以进一步深化学习，提高自己的管理理论水平，并能理论联系实际，做到知行合一，在实践中去运用。

第3～5章内容结构如图2.10所示。

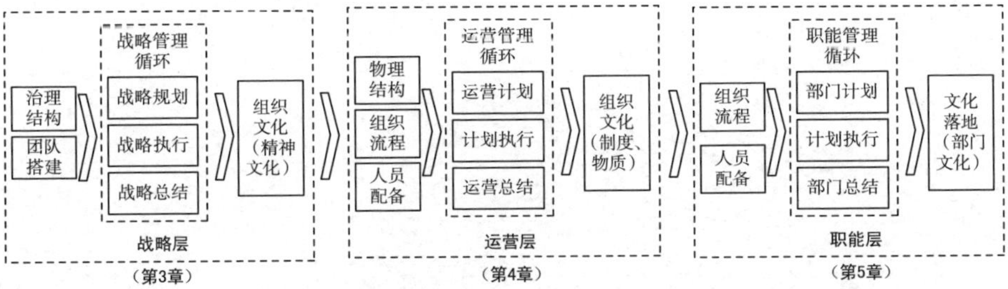

图2.10　第3～5章内容结构

3 战略层管理

战略层管理，是指以董事长为核心的董事会所负责的企业管理工作，根据《中华人民共和国公司法》（以下简称《公司法》）相关规定，董事长是履行战略层管理职能的第一责任人。为了叙述方便，本章将按照以下框架对战略层管理进行分析（见图3.1）。

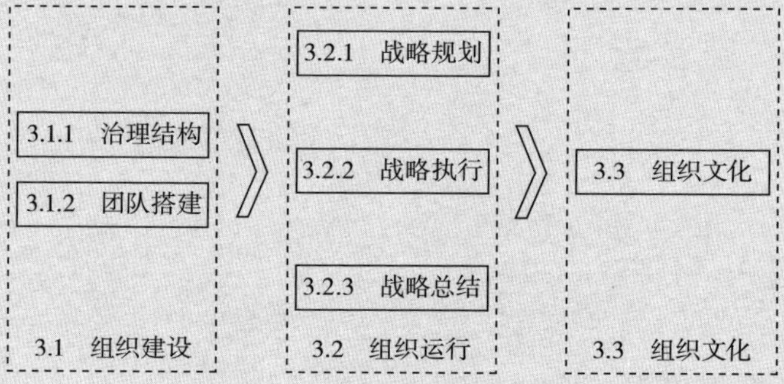

图3.1 战略层管理内容结构

3.1 组织建设

把管理体系结构模型（“航发模型”）与战略层管理职能相结合，得出战略层管理组织建设的主要内容包括治理结构和团队搭建两个部分，下面分别进行描述。

3.1.1 治理结构

◆基本概念

我国著名经济学家吴敬琏先生将公司治理结构定义为：“所谓公司治理结构，是指由所有者、董事会和高级执行人员（即经理层）三者组成的一种组织结构。在这种结构中，上述三者之间形成一定的制衡关系。通过这一结构，所有者将自己的资产交由公司董事会托管；公司董事会是公司的最高决策机构，拥有对高级经理人员的聘用、奖惩以及解雇权；高级经理人员受雇于董事会，组成在董事会领导下的执行机构，在董事会授权范围内经营企业。”

目前，国有企业在推行的国资监管体制改革、“两类”公司改革、混合所有制改革，本质上都是国有企业治理结构体系的优化。只有做好公司治理结构方面的体制改革，才有可能更好地推行以“三项制度改革”为代表的机制变革。

公司治理结构如图 3.2 所示。

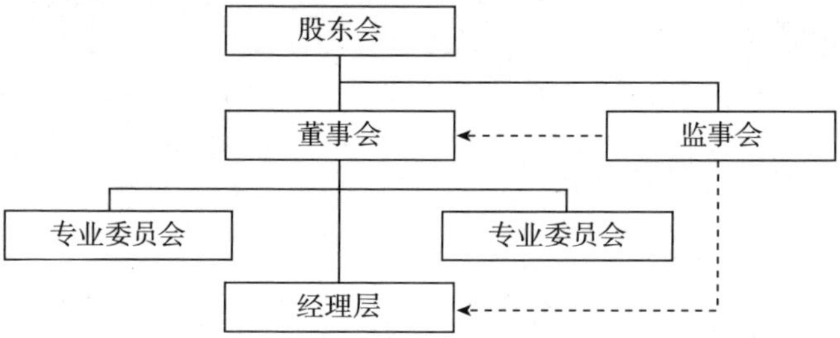

图 3.2　公司治理结构

1. 股东会

股东会由参与公司投资的各股东代表组成，是公司的权力机构。根据《公司法》规定，股东会行使下列职权：

（1）选举和更换董事、监事，决定有关董事、监事的报酬事项；

（2）审议批准董事会的报告；

（3）审议批准监事会的报告；

（4）审议批准公司的利润分配方案和弥补亏损方案；

（5）对公司增加或者减少注册资本做出决议；

（6）对发行公司债券做出决议；

（7）对公司合并、分立、解散、清算或者变更公司形式做出决议；

（8）修改公司章程；

（9）公司章程规定的其他职权。

2. 董事会

股东是公司的投资者，但是股东并不一定有能力和意愿参与公司的日常经营管理，于是股东会根据公司章程选举产生董事会，代表股东具体负责公司的经营管理。董事会是公司的决策机构，根据《公司法》规定，董事会行使下列职权：

（1）召集股东会会议，并向股东会报告工作；

（2）执行股东会的决议；

（3）决定公司的经营计划和投资方案；

（4）制定公司的利润分配方案和弥补亏损方案；

（5）制定公司增加或者减少注册资本以及发行公司债券的方案；

（6）制定公司合并、分立、解散或者变更公司形式的方案；

（7）决定公司内部管理机构的设置；

（8）决定聘任或者解聘公司经理及其报酬事项，并根据经理的提名决定聘任或者解聘公司副经理、财务负责人及其报酬事项；

（9）制定公司的基本管理制度；

（10）公司章程规定或者股东会授予的其他职权。

3. 专业委员会

根据需要，董事会可以设置专业委员会，下设各专业委员会为董事会决策咨询机构，通常由外部相关专家构成，为董事会决策提供专业支持。例如，董事会通常会下设战略与投资委员会、薪酬委员会、提名委员会、审计委员会等。

4. 监事会

监事会履行对公司经营管理的监督职能，股东会根据公司章程选举产生监事会，对董事会、经理层履职进行监督。根据《公司法》规定，监事会行使下列职权：

（1）检查公司财务；

（2）对董事、高级管理人员执行职务的行为进行监督，对违反法律、行政法规、公司章程或者股东会决议的董事、高级管理人员提出解任的建议；

（3）当董事、高级管理人员的行为损害公司的利益时，要求董事、高级管理人员予以纠正；

（4）提议召开临时股东会会议，在董事会不履行《公司法》规定的召集和主持股东会会议职责时召集和主持股东会会议；

（5）向股东会会议提出提案；

（6）依照《公司法》第一百八十九条的规定，对董事、高级管理人员提起诉讼；

（7）公司章程规定的其他职权。

5. 经理层

经理层是公司的执行机构。董事会负责确定经理人员，并根据经理提名确定副经理和财务负责人人选。但是在实践中，往往整个经理层团队的人选全部由董事会决定，特别是财务负责人岗位，经理层对人选几乎没有任何影响力。

◆工作思路

通常情况下，在股东决定共同成立一个公司时会签署投资协议或设立协议，明确在公司设立和后续运行阶段的责权利关系。根据投资协议（设立协议），股东共同制定公司章程，并在公司登记机关备案。公司成立后，根据公司章程召开股东大会，选举产生董事会和监事会。董事会根据相关决策程序负责组建经理班子。董事会负责制定议事规则，进一步明晰各治理主体的责权利关系，确保公司治理体系落地实施（见图3.3）。

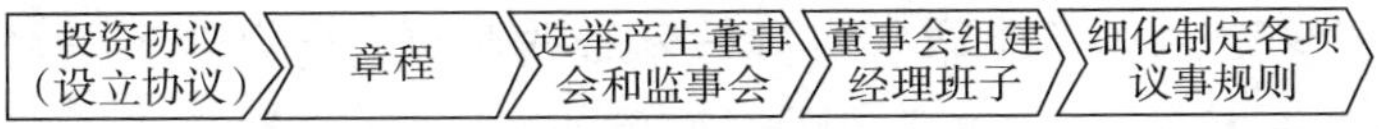

图 3.3 公司治理体系设计思路

◆典型案例

案例一

宝万之争

2015 年 6 月，A 股迎来了 2008 年之后最严重的股灾，为稳住持续下跌的股市，国家紧急出台了一系列救市措施，其中，保监会放宽保险资金投资蓝筹股与权益类资产的比例上限，这一政策的出台打开了保险资金入市的枷锁，各路保险资金纷纷入场低位扫货，各种收购与反收购大战此起彼伏。其中，宝能与万科的股权争夺战在此番资本博弈中的影响最大。

当时的万科是国内的地产界“霸主”，根据其 2014 年年报，万科总资产约为 5000 亿元，利润总额约为 250 亿元，账上的货币资金更是高达惊人的 627 亿元。与如此优秀的经营业绩相比，万科股价长期一直低于 10 元，第一大股东华润集团的持股比例也仅为 14.89%，更多的股票则是散落在二级市场中，这也意味着万科是一家没有控股股东或实际控制人的超级企业。股价便宜，股权分散，这让当时的万科成为各大保险资金眼中的“香饽饽”。

2015 年 7 月 11 日，宝能系旗下保险公司前海人寿在二级市场买入了 5.52 亿股万科股票，占万科总股本的 5%。

7 月 24 日，宝能系二度举牌万科，宝能系旗下企业钜盛华买入 5% 的万科股权，宝能系此时合计持有万科股权的比例迅速提升到 10%。

经过沟通，在明确了宝能举牌万科的目的后，万科管理层首先想到的是让现在的第一大股东华润集团增持万科的股份，保住现有的地位。但华润集团没有同意。

很快万科决定采用定向增发H股以引入新的战略投资者，但华润从自身利益出发否决了这个方案。

8月26日，宝能系第三次举牌万科，手中持有的万科股份增至15.04%，超过华润集团成为万科的第一大股东。

华润集团为了确保万科第一大股东的地位，随后在二级市场增持了约0.4%的万科股份，持股比例上升至15.29%，重回第一大股东之位。

12月4日，宝能系第四次举牌万科，持股比例达20.008%，大大高于华润的15.29%。

12月7日，万科第四大股东安邦保险举牌万科，将自己在万科的股份提升到了5%。

根据万科章程，如果一个股东持有股权达到30%，那么就会成为万科的实控人，从而可以改组董事会和管理层。此时万科的持股比例为宝能持股20.008%、华润集团持股15.29%、万科管理层持股7%、安邦保险持股5%，因此，无论是安邦保险与宝能结成一致行动人，还是华润集团、万科管理层、安邦保险结成一致行动人，双方距离30%的持股红线都只差一次举牌。

12月15日，钜盛华第五次举牌万科，宝能系持股万科的比例增至23.52%。

12月17日，安邦保险继续增持万科股份，持股比例提升到了7%。

至此，宝能系和安邦保险合计持有万科股份的比例已经超过了30%。市场普遍猜测宝能和安邦保险已经结成一致行动人，控制万科已成定局，万科现有董事会和管理层即将面临改组出局。

随后，证监会就“宝万之争”第一次发声：市场主体之间收购被收购的行为属于市场化行为，只要符合法律法规要求，监管部门不会干涉。

12月18日，宝能继续在二级市场扫货，大量买入万科股票，万科在A股上午九点开盘后短时间内直接涨停。万科管理层意识到，如果再不采取有力措施延缓宝能的进攻势头，用不了几天宝能就可以拿下30%以上的股权，从而可以单独控股万科。于是当天下午，万科管理层直接宣布万科股票停牌。而此次万科宣布股票停牌是在没有事先告知华润集团和召开董事会进行决策的情况下进行的，华润集团因此对万科管理层表现出不满。

接着，万科对宝能系资金来源质疑，引发监管关注，导致安邦保险倒向万科管理层。

12月27日，王石、郁亮到香港当面与傅育宁讨论万科的重组事宜。傅育宁看了重组方案后表示：华润集团参与万科的重组或增发均有为难之处，但万科可以引入其他国资，这样不管谁来参与万科重组都能保住国资在万科的第一大股东地位。这意味着只要万科能与一家国有企业完成资产重组，王石就能成功赢下“宝万之争”。

可是，后来华润集团从自身利益出发，并没有支持深铁集团参与万科资产重组。据说是华润与宝能达成了相关的合作意向。

2016年6月17日，万科董事会阴差阳错地通过了重组议案。根据公告，万科将增发28.72亿股用于购买深铁旗下子公司前海国际100%的股权，交易完成后深圳地铁将以20.65%的持股比例成为万科第一大股东，而宝能的持股比例从24.26%稀释到了19.27%，华润集团的持股比例从15.29%稀释到了12.10%。此外，为了准备重组事宜，万科将继续停牌，万科A复牌时间从6月18日延期到半个月后的7月4日。但是，重组方案还必须通过股东大会的表决。

2016年6月27日，万科2015年度股东大会如期召开。在审议《2015年度董事会报告》和《2015年度监事会报告》时，宝能和华润集团直接否决了这两份报告。

随后，国务院国资委对该事件表态，导致宝能和华润集团不得不妥协。6月30日，宝能系转变态度，表示对万科现有管理层始终抱有期待。华润集团则明确表示：对罢免万科全部董事和监事的议案持异议。

7月1日，万科再次召开董事会，宝能提出的议案遭全票否决，“宝万之争”胜利的天平已经完全倒向万科。同时，会议一致通过万科A将于2016年7月4日开市起复牌。

至此，宝能还希望通过继续增持股份至30%单方面控制万科。

…………

12月，证监会和保监会先后表态，表明监管层不会放任“宝万之争”再这样持续下去。

2017年1月，华润集团将所持有万科股票转让给深铁集团；6月，恒大将所持有万科股票转让给深铁集团。宝能成为万科财务投资者。

6月30日，在华润集团和恒大出局，深铁集团跃升为万科第一大股东后的第一次万科股东会上，深圳地铁提交的董事会换届临时提案得到全票通过，王石辞去董事长一职，郁亮接任，新一届的万科董事会成员全部来自万科管理层和深铁集团，宝能系、安邦保险均未获得董事会席位。

后续，宝能通过三轮减持，对万科的持股比例降至4.9999998%，放弃了万科大股东地位。至此，宝能系持有万科股份低于5%，再减持也无须进行披露。在持有万科股票三年多的时间里，宝能虽然没有能够达成实控万科的目的，但也通过万科挣了差不多300亿元。

至此，中国第一商战“宝万之争”才算是真正结束。

“宝万之争”本质上源于公司治理结构问题，公司股权分散，没有实际控制人，业绩优异，但股价偏低，从而上演了这一场资本角逐大戏。

回顾整个历程，有一些问题值得进一步思考。作为管理层，有没有权利选择股东，对股东说三道四是不是职业化的行为？整个过程谁是输家，谁是赢家？深铁集团赢了吗？恒大输了吗？万科股价当年长期偏低的原因是什么，是不是管理层从自身利益出发而去有意地控制股价，比如，有传言说股价低有利于管理层通过股权激励低成本增持股份，如果是，是否合理合法？

案例二

华为的股权结构

1987年，任正非先生在深圳创办了华为，经过37年的持续发展，华为已经成为全球ICT行业的明星企业，现有员工超过20万人，2023年营业收入超过7000亿元，利润达到870亿元。

然而，华为当初创业时的资金只有21000元。因为华为所从事的ICT产业属于高科技行业，竞争结构形成寡头垄断的局面，人才是公司的核心竞争力。任正非在创业初期，拟对科技人才进行股权激励，希望能够通过核心人才持股的举措实现财散人聚，为此还征求了其父亲的意见，得到了赞赏与支持。于是，华为多年来一直采用有其公司特色的股权激励方案，打造了有竞争力的狼性人才团队，并实现了奇迹般的持续高速发展，成为明星企业，任正非也成为管理学家、企业家的偶像。

华为的业务运行主体为华为技术有限公司，是华为投资控股有限公司的全资子公司，通过华为控股实现自然人股东与运营主体的隔离，保证了运营主体的稳定经营。华为投资控股有限公司的股东为自然人任正非和法人华为控股工会，其中，任正非个人只持有华为控股不超过1%的股份，却可以实现对华为公司的控制。这种治理结构，保证了创始人对公司发展方向的控制力，同时通过利益分享充分调动了各类人才的工作积极性，实现共同富裕（见图3.4）。

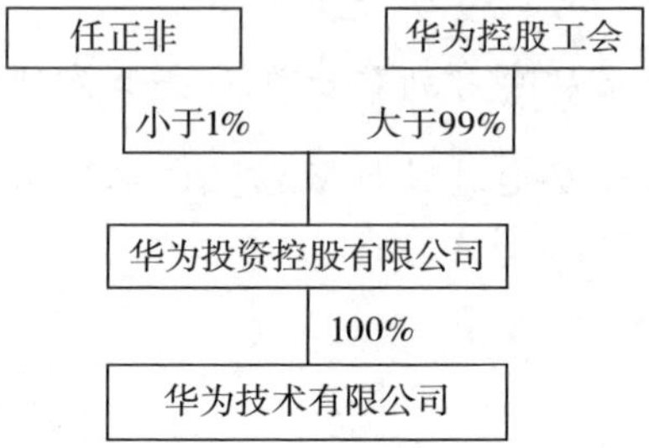

图3.4　华为公司的股权结构

目前，华为还在积极推行动态股权激励（TUP），在该模式下，员工不需要花钱购买股权，公司不需要办理变更登记；而且员工分配的权利是有期限的，从而也有效防止了“搭便车”行为，激励员工长期艰苦奋斗。

案例三

国有科技企业的改制之困

随着改革开放和社会主义市场经济体系的逐步建立，国有企业的功能和定位得到了优化调整，主要聚焦于战略性行业、自然垄断行业和涉及国家安全相关行业，而其他行业的相关国有企业都曾面临体制改革的挑战，尤其是轻资产、高科技的服务型企业。

初期的改制，为了调动主要领导的改制积极性，往往股权比较集中，利益向主要领导倾斜，国企改制曾经面临学界和社会各界关于国有资产流失的讨论和质疑，其中以顾雏军案最为出名，也导致了类似的改制模式走向终结。

后来，轻资产技术服务型企业面临改制，为了规避资产流失，并且减轻政府相关主管部门的决策压力，顺利实施的改制方案大量出现股权分散的情况。股权分散，好处是有利于实现共同富裕，但也给公司的经营决策造成非常严重的后果。因为公司缺乏实际控制人，往往在公司治理方面争吵不休，在董事会换届时乱象丛生，反而不利于公司的健康发展。为了解决这个问题，很多企业不得不寻求二次改制，推动股权集中，理顺决策关系。然而，股权一旦分散后再想集中是非常困难的，股东对股权都非常敏感，很多企业无法解决公司治理问题，或者即使问题得到解决付出的代价也非常昂贵。

公司治理结构模式有多种，各种体制和类型的企业适合的治理模式不一样，不同的企业文化适宜采用差异化的治理体系，但只有治理体系规范、完善了，才能促进企业长期可持续稳健发展。

3.1.2 团队搭建

团队搭建，是指董事会为公司建立经理班子，搭建经理人团队，负责战略执行及公司日常经营管理。

◆战略与团队

组建公司经理团队，首先要回答一个比较有争议的问题，是先有战略，还是先有团队？团队组建的依据是公司发展战略吗？

从理论上说，战略决定企业发展的方向，战略目标是企业一切工作的方向标，公司经理人团队的配置，当然应该从战略出发，根据战略执行的要求来配置。甚至当公司发展战略发生调整时，为了匹配战略，还可能对经理人团队成员进行优化组合。

然而，在实践中，不完全是这样的，甚至完全不是这样的。一方面，经理人团队的背景和能力是战略制定的影响因素之一，在战略制定过程中，需要考虑后续的可执行性，而执行需要经理人团队去领导；另一方面，通常在制定公司战略决策时，公司已经存在很多年，经理人团队成员不是可以随意调整的，而且国有企业战略规划通常都是由经理人团队组织制定，再由董事会或上级单位批准后执行的。因此，往往会出现先有团队后有战略的情况。

万向集团创始人鲁冠球先生曾经说过，万向开展一项新的业务，首先要有人，要有胜任的管理团队，否则就不会考虑进入一个新的领域。

曾经领导过四家位列世界500强中央企业的宁高宁先生，在其“五步组合论”中也充分说明了团队的重要性。五步组合的前两步，分别是“选经理人”和“组建团队”。在其相关的管理思想和实践中，还着重强调了经理人团队中“一把手”的重要性。

联想集团创始人柳传志先生提出的“三要素”理论，第一个要素是搭班子，然后才是定战略、带团队，也同样说明了人的重要性。

那么，战略与团队究竟是什么关系，究竟谁先谁后，谁决定谁？这是一个值得深入思考的问题。

我们不妨用权变的方法来回答这个问题。不同的体制、不同的行业、不同的发展阶段、不同的企业有各自不同的情况，具体到特定企业，需要根据其实际情况综合考虑战略发展和团队建设，保持战略和团队的动态匹配。

◆谁负责搭建团队

从《公司法》的相关规定来看，董事会具体负责公司经理人团队的组建、目标制定和业绩评价。具体来说，由董事会决定聘任或者解聘公司经理及其报酬事项，并根据经理的提名决定聘任或者解聘公司副经理、财务负责人及其报酬事项。

在民营企业中，通常都有一个大股东或实际控制人，因为股权比较集中，往往会存在大股东兼任经理的情况，或者由其直接指定。而副经理和财务负责人，通常由大股东直接指定，公司经理通常是没有权力影响经理人团队成员构成的。

而在国有企业中，经理人团队通常是由上级党的组织部门通过相关考察和决策程序后推荐，由董事会履行相关程序后聘用的。当前在国有企业中推行的职业经理人制度，实行契约化管理和任期制，本质上就是团队建设的一种方式。

◆ “子弟兵”vs“空降兵”

笔者记得“子弟兵”和“空降兵”是当年读MBA时经常进行案例研讨的问题。民营企业面临这个问题的概率相对大一点，而国有企业思考这个问题的场景应该会少很多，因为国有企业经理班子成员不是那么好空降的，也不是企业自身能够完全决定的。那么，究竟是“子弟兵”好，还是“空降兵”好呢？这两种用人方式各有优缺点。

“子弟兵”，是指公司高管人员来自公司内部，是通过公司内部培养逐渐成长起来的高级管理人员。使用“子弟兵”的优点有：①“子弟兵”长期服务于公司，对公司情况比较熟悉，推行工作比较便利；②“子弟兵”在公司得到发展，对公司充满感恩之心，忠诚度比较高；③公司非常了解“子弟兵”的能力和性格特点，通常不会出现大的用人失误，风险可控；④使用“子弟兵”的成本费用通常更经济；⑤使用“子弟兵”，不会因为到竞争对手处挖人带来不必要的误解。使用“子弟兵”的缺点可能有：①不利于充分借鉴外部管理经验；②不利于支撑公司高速发展；③容易形成裙带关系。

“空降兵”，是指公司高管人员来自公司外部，是根据公司发展需要通过猎头公司或其他相关渠道从外部聘用的高级管理人员。公司使用“空降兵”的优劣势与使用“子弟兵”正好相反，这里就不再赘述了。

既然“空降兵”和“子弟兵”各有优劣势，就要具体情况具体分析，根据实际情况进行决策，充分发挥各类人才的优势，合理规避其劣势。比如，一旦确定外聘一位管理人员，就必须帮助其尽快了解公司情况，融入公司团队，熟悉公司文化，在日常工作中必须给予其大力支持，否则很容易产生“水土不服”的情况。这种情况在民营企业中十分常见，甚至会出现“铁打的营盘流水的兵”，高管人员像“走马灯”一样地更换。之前笔者服务过一家浙江民营上市公司，副职基本没有能够融入公司履职超过一年以上的，极端地说高管只有老板一人，这和福特汽车创始人老福特有一拼了。所谓，铁打的中层，流水的高层。这已不仅仅是“空降兵”的问题了，“子弟兵”也一样无法施展才华。

这里有必要提出一个问题。通过观察，我们国家的企业更倾向于使用“子弟兵”，而“空降兵”的成功率比较低；在西方国家，“空降兵”的成功率要远大于我们国家的企业，如 IBM 的郭士纳就是一个典型。这背后是什么原因呢？是否因为东西方文化的差异引起了这个现象呢？东方文化强调以人为本，习惯通过人来管理，而西方文化更讲究理性、制度和规则，所以“空降兵”在东方企业中就可能融入困难、无所适从，而在西方企业中就更容易融入。

◆公司内提拔 vs 异地提拔

近些年，一些公司在管理人员升职和任用方面，喜欢在各分、子公司之间进行交流，定期轮换岗位，其实这也是一种仁者见仁、智者见智的做法。一方面，交流可以丰富管理人员的阅历，减少公司内部的裙带关系；另一方面，交流不利于管理人员迅速进入角色发挥价值，并且容易造成短期行为，为完成关键绩效指标（KPI）追求短期绩效，影响公司长期发展。

从集团公司层面考虑，可以更好地管控下级公司，防止下级公司做大后难以控制，甚至出现腐败现象；但从下级具体负责生产经营的实体企业层面考虑，有可能造成一些负面的影响，特别是当下属公司业务属性不同的时候，影响就更大了。

所以，任何事情都存在矛盾的对立面，针对具体情况采取适宜的手段会更具有合理性，“一刀切”的做法通常不可取。

◆用人不疑，疑人不用

有很多人认为对管理者的使用应该做到“用人不疑，疑人不用”，其实在企业实际运行过程中很多时候这个原则并不适用。

用人不疑，意味着绝对的信任，但是靠绝对的信任来用人往往是不可行的。一方面，人是会变的，绝对的信任意味着绝对的权力，绝对的权力往往带来腐败，真正能够做到“慎独”的人少之又少；另一方面，缺乏对下属工作的适度监控，采取无为而治的管理办法，放手让下属去做，工作上一旦出现了大的偏差将会带来大量的沉没成本，给组织造成巨大损失。

疑人不用，说起来很有道理，但在现实中有时候也做不到。一方面，有可能没有这么多值得信任的管理者，值得绝对信任的人往往极少；另一方面，通常人员的编制是固定的，相关管理者已经被安排在相应的岗位上，特别是在国有企业，这些人还不得不用，而如何充分调动管理人员的积极性，就是个管理艺术的问题了。

因此，“用人不疑，疑人不用”的原则在实践中通常是不可行的，往往是“用人要疑，疑人也要用”，信任很重要，但管理不能仅仅靠信任，享有相应的权力，就要承担相应的责任，并接受相应的监督，要把权力关进制度的笼子里。

◆企业家退休

国家已经淡化，甚至取消了国有企业管理人员的行政级别，但在实际操作中仍然具有一定的对应关系。国有企业管理人员也是参照相应的行政级别采用相应的退休年龄，到点退休。这种规定，有相当的合理性，不仅便于操作执行，而且可以为其他管理人员提供更多的升职机会，调动其工作积极性并使其获得职业荣誉感。

然而，企业家是稀缺资源，培养一个企业家非常不容易，在退休这个问题上也不适宜采用“一刀切”的做法。对于一些就任于竞争性行业的企业家，如果能力特别突出，资源特别丰富，身体状况良好，职业道德良好，且其自身也有继续服务企业的意愿，可以适当考虑延长其任期，没有必要教条地根据年龄“一刀切”。切记，企业家是稀缺资源，伟大的企业家不可复制，甚至是不可培养的，且用且珍惜吧！

◆经理人培养

“空降兵”有其使用的特定情境，一家成熟的企业主要还是依靠“子弟兵”。从某种程度上说，企业培养人才的速度决定了企业的发展速度。特别是中高层经理人才的培养，更是企业发展的关键环节，必须予以重视。

培养人才，公司首先必须倡导学习型的企业文化，通过持续学习提升工作技能和职业素养，从而带动企业发展。

培养人才，需要一定的组织保证。比如，有的公司成立了企业大学，有的公司成立了培训中心，有的公司在人力资源部设立了专职培训管理岗位。美国 GE 公司成立了著名的克劳顿管理学院，而华润集团在白洋淀设立了管理学院。

培养人才，当然需要一定的预算投入，这是必需的。

培养人才，需要建立一个完善的培养体系，包括人力资源规划、职业发展通道、能力素质模型、人才测评、人才盘点、课程体系、讲师资源等管理体系的建立。

培养人才，需要公司持续成长，为人才提供大量的实践机会，通过“干中学”不断提升管理者的实操能力。

◆经理人团队薪酬方案

为了能够顺利组建经理人团队，并充分调动团队成员的工作积极性，董事会必须为经理人团队建立符合公司和行业实际情况的市场化薪酬方案。

通过合理设置基本薪酬，提升薪酬体系的保障性，有助于更好地招募经理人员，增强经理人员对公司的归属感。

通过有激励性的奖金体系设置，并严格与绩效结果挂钩，充分调动经理人员的工作积极性，帮助公司达成发展目标。

通过中长期激励体系，引导经理人团队注重公司长期发展目标，规避短期行为的危害，实现经理人员与公司长期共同发展。

国有企业在这方面已经过多年实践，建立了以年薪制和任期激励为代表的综合性薪酬激励机制，并取得了良好的激励效果。

◆典型案例

案例一

某新能源公司（G公司）的发展之困

G公司由省属国企Y公司和D公司共同出资设立。Y公司属于资源型垄断企业，具有一定的资金实力。D公司是新能源设备的供应商。而国家近些年大力扶持新能源产业的发展，给予新能源发电上网电价的补贴，补贴的额度由国家发展改革委统一控制，按省份分配到相关各省，由省发展改革委负责本省范围内的项目核准。于是，该省国资委组织Y公司和D公司共同出资成立了G公司，希望通过省发展改革委拿到项目投资核准，在全省范围内投资运营新能源电站，Y公司可以获得投资收益，同时可以带动D公司新能源相关设备的销售。整个商业逻辑清晰，合情合理，完全可行。

G公司的股权结构设计为Y公司和D公司各占50%的股份。董事会成员由6人组成，Y公司和D公司各占3人。G公司未严格区分董事会和经理层，董事会成员和日常经营班子成员高度重合。Y公司派出的3位董事会成员分别担任董事长兼党委书记、副总经理、总会计师，D公司派出的3位董事会成员分别担任总经理、党委副书记兼纪委书记、副总经理。

G公司治理结构和管理团队的安排，给G公司发展造成了巨大的负面影响，总结如下。

由于G公司高层管理团队全部由股东双方委派，导致G公司中层管理人员的职业发展受到限制，所有中层正职缺乏晋升机会，极大地打击了其工作积极性。

股权设置问题导致G公司决策链条长，决策效率低下。

G公司董事会成员和经理班子高度重合，导致在日常生产经营过程中，高层管理人员都站在各自股东的角度思考问题，较少从G公司本身发展方面考虑。

结果，G公司经过多年运行，并没有得到省发展改革委的充分支持，投资项目比较少。奇怪的是，G公司竟然形成了新能源项目设计和施工管理能力，做大了工程总承包（EPC）业务，而在EPC环节，国有企业完全没有竞争优势。

做EPC业务，依然可以带动D公司新能源设备的销售，但对Y公司来讲就没有任何意义，投资G公司还占用了Y公司的现金流。于是，Y公司委托下属公司履行对G公司的出资人管理职责，也不再追加对G公司的投资。

由于G公司投资业务进展不顺，EPC业务没有市场竞争力，公司逐渐边缘化，公司发展完全偏离了原先的战略设想。G公司的管理团队和职工努力地在绝望中寻找希望。

这是一个非常典型的案例，因为公司治理和经理人团队组建的问题，导致公司在发展中遇到了挫折。

案例二

某集团公司（A公司）子公司班子建设实践

A公司是一家省属企业集团，属于资源型行业，下属分、子公司众多，主业比较突出，但辅业行业分布非常广泛。

A公司为了加强对下属分、子公司的管控和监督，在子公司实行董事长和党委（党支部）书记分设制，由两位领导分别担任，在分公司推行总经理和党委（党支部）书记分设制。

党的十八大以来，党中央高度重视加强党对国有企业的领导。在此背景下，A公司通过领导分设实现有效管控的目标，但同时产生了很多问题，突出表现是分、子公司班子内部不团结、决策效率低、矛盾多。

对于子公司来说，董事长和党委（党支部）书记形成制衡，但由总经理负责具体执行，班子建设问题相对好一些；而对于分公司来说，总经理和党委（党支部）书记的关系界定不清晰，班子问题相对更突出一些。

也有一些分、子公司班子比较团结，运行良好，但通过研究发现，更多是因为人与人之间配合比较默契。实践证明，A公司二级公司领导分设的决策及配套管理制度本身确实存在一些问题，产生了一些负面影响。

《中国共产党国有企业基层组织工作条例（试行)》第十四条规定：

坚持和完善“双向进入、交叉任职”领导体制，符合条件的党委（党组）班子成员可以通过法定程序进入董事会、监事会、经理层，董事会、监事会、经理层成员中符合条件的党员可以依照有关规定和程序进入党委(党组)。

党委（党组）书记、董事长一般由一人担任，党员总经理担任副书记。确因工作需要由上级企业领导人员兼任董事长的，根据企业实际，党委书记可以由党员总经理担任，也可以单独配备。

不设董事会只设执行董事的独立法人企业，党委书记和执行董事一般由一人担任。总经理单设且是党员的，一般应当担任党委副书记。

分公司等非独立法人企业，党委书记和总经理是否分设，结合实际确定。分设的一般由党委书记担任副总经理、党员总经理担任党委副书记。

案例三

A集团的成长困境

A集团是一家聚焦于内衣行业全产业链一体化发展的企业集团。A集团前身是一个典型的乡镇小微企业，从生产保健内裤起家，经过公司管理团队的多年努力奋斗，通过产学研合作，并引进国际先进生产设备，成长为一家中国民营企业500强企业集团，在行业中名列前茅，还获得了中国驰名商标的荣誉。

后来，A集团完成改制，转型为由管理团队和核心骨干员工100%持股的民营企业。A集团还发起成立了股份公司，旨在择机进入资本市场，通过股票公开发行上市，推动企业进一步发展。公司呈现出一派欣欣向荣的景象。

A集团管理团队成员都是“子弟兵”，基本上没有成功的“空降兵”。公司产品主要通过商场、超市和专卖店等渠道在全国范围内进行销售。各地经销商绝大多数都是原先就职于公司的员工，在公司支持下奔赴全国各地开设分公司，后来公司逐渐退出股份，员工变成经销商，这种销售模式有效促进了公司发展，该模式在浙江民营企业中也很常见。

A集团非常注重产品研发，通过产学研引进抗菌技术，形成公司核心优势，获得市场极大认可。A集团也非常重视产品品质，使用优质原材料，并引进西方先进生产设备，其生产能力获得国际一线品牌公司认可，并为其提供代工，成为全球顶级品牌的OEM厂商。

随着市场竞争的不断加剧，消费者的生活理念不断发生变化。而且，竞争对手不断通过聚焦细分市场分割市场份额。安莉芳、黛安芬、古今、爱慕、猫人等国内外品牌赢得了注重时尚的消费者青睐，俞兆林、南极人、北极绒等品牌聚焦秋冬季保暖内衣市场，健将、爱莎聚焦于内裤市场。而A集团的产品线规划几乎覆盖所有产品、所有年龄段、所有季节，可是在每一个单品上面都逐步失去了领导地位，表现为缺乏爆品。A集团的产品品质都非常好，款式却比较落后。所以，尽管其产品回头客比较多，但对年轻客户和新客户的吸引力不足，在一线城市市场竞争力较差，但在二、三线城市比较有市场，A集团产品消费群逐渐演变成二、三线城市中老年消费者。

A集团面临的问题，表面上看是市场营销的问题，但本质上是管理团队的问题，其管理能力的提升未能跟上企业发展和市场竞争的要求。A集团地处乡镇一隅，难以吸引人才，主要领导随着年龄增长思想比较保守、怀旧，一直沿用原有管理团队，未能根据企业发展需要适时提升企业领导班子管理水平。在公司治理方面，A 集团一直没有突出董事会的作用，决策层人员和经营层人员高度重合，管理能力制约了企业发展，而且未能成功组建职业经理人团队。在接班人的培养和选择方面，A 集团也是坚定地选择子女接班，可是也未能扭转乾坤。

A 集团是一个具有良好的企业文化氛围的企业，公司在经营上诚信、厚道，员工都比较朴实，可这个由一群好人组成的企业却无法突破发展瓶颈。在市场竞争加剧、从卖方市场演变到买方市场的过程中，游戏规则变了，企业需要建立现代企业制度，打造职业化的管理团队，如果不能与时俱进，就必然走向衰退。有多少当年的乡镇企业曾经因为遭遇这个问题而挣扎过呢？今日的华西村是否也曾经或正在被这个问题困扰呢？

前些日子，念及过往，笔者特地去 A 集团周边看了看，心中感到无比遗憾和压抑，心情久久不能平复。笔者依然清楚地记得，当笔者问董事长公司名称的含义时，他自豪地回答道，我们公司起这个名字就是要把公司做到全国数一数二。也许他曾经实现了，也许只差一步之遥，但一切已成往事，随风去了。

3.2 组织运行

把管理体系结构模型（“航发模型”）与战略层管理职能相结合，得出战略层管理组织运行主要包括战略规划、战略执行和战略总结三部分内容，这三部分内容构成了战略管理循环（见图3.5）。

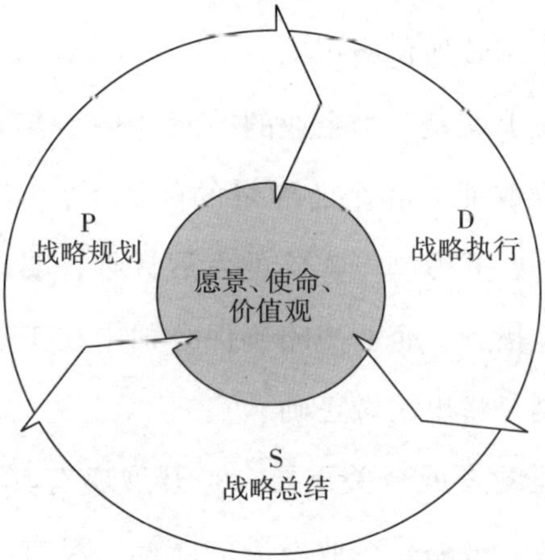

图3.5　战略管理循环

3.2.1 战略规划

◆基本概念

“战略”一词最早来源于军事，“战”指战争，“略”指谋略。在军事上，战略是长远性的、全局性的、根本性的方针、谋略。

英语中“战略”（strategy）来源于古希腊的“stratagla”，是一个与军事有关的词语，其含义是指“将军指挥军队的艺术”。

将军事战略的思想和理论运用于企业经营管理中，便产生了“企业战略”这个概念。

英国的格里·约翰逊（Gerry Johnson）对企业战略的定义比较具有代表性，他认为企业的战略是一个计划，这个计划能整合企业的目标、政策，并且使企业上下一致地付诸行动。

企业战略，本质上就是一个企业的中期（3~5年）计划，要在综合分析外部环境、内部资源能力和企业愿景的前提下，确定公司的业务定位、商业模式及发展目标，并编制可实施的发展计划，明确发展路径、资源配置、能力建设和保障措施。企业战略确保公司走在正确的道路上，是在做正确的事，而执行则是将事情做正确。

战略对一个企业的发展至关重要，是开展所有其他工作的基本前提，是企业运营的指挥棒。战略是企业发展的航标，没有战略的企业就像一艘没有舵的船一样只会在原地打圈，又像一个流浪汉一样无家可归。

◆工作思路

战略对一个公司的可持续发展至关重要，那么该如何为公司制定一个可行的战略规划呢？公司可能会请外部咨询机构协助共同制定战略，也可能会自行组织制定战略，战略制定的过程通常可以分为两个阶段：战略分析和战略制定。

1. 战略分析

“知己知彼，百战不殆”，公司在制定战略规划之前首先要开展战略分析工作，对公司发展环境和条件进行扫描，为制定战略奠定基础。战略分析工作通常包含三部分内容：外部环境分析、内部资源和能力分析、企业文化分析。

外部环境分析，主要是指分析公司发展的外部环境，通常从三个方面进行分析，即宏观环境分析、行业环境分析和标杆分析。宏观环境分析，主要是分析公司发展面临的外部宏观经济环境，如政治环境、经济环境、社会环境、科技环境等，即 PEST 分析模型所包含的四个方面；行业环境分析，主要是研究行业总体情况和竞争情况，主要包括行业规模、成长性、行业结构、驱动因素等，并对行业未来发展趋势进行预测，为发展目标和竞争策略的制定创造条件；标杆分析，主要是分析行业内有代表性的竞争对手，学习对方的成功经验，吸取对方发展中的失败教训。

内部资源和能力分析主要是从公司内部进行分析。外部环境决定了可以做什么，内部资源和能力分析决定了公司能做什么。

企业文化分析主要是明确公司的核心理念，如公司发展愿景、使命和核心价值观，这些要素是公司制定战略规划的前提，是输入条件。在实践中，很多企业在这个问题上做得不到位，要么是直接忽视了这个问题，要么是对公司核心理念和战略的关系有误解，甚至有人认为战略决定核心理念。

2. 战略制定

在战略分析的基础上，我们就可以进行战略制定了。战略制定通常包括三个方面的工作内容：公司层战略、业务层战略和职能层战略。

公司层战略，主要是解决多元化企业集团的业务组合问题。通过业务组合，说明业务选择问题，决定做什么、不做什么，对业务进行取舍；通过业务定位，明确各业务在公司发展过程中的角色，如核心业务、新业务、未来业务等；而业务协同，是为了说明如何在各战略业务单元之间发挥协同效应，产生“1 +1 >2”的效果；最终，集团要给各战略业务单元制定明确的发展目标，并匹配相应的战略资源。例如，类似于美国的 GE 公司和我国的央企华润集团，它们总部层面就需要制定这种公司层业务组合战略。所以，业务组合战略不是必选项，只有多元发展的集团公司才需要制定这类战略，而单一业务的专业公司是没有此需求的。

业务层战略，是指业务竞争策略，是战略规划工作的核心内容。通过市场定位，说明公司的客户是谁，服务于什么细分市场；通过商业模式的设计，明确公司在产业链中如何定位，如何组织资源为客户服务；通过竞争策略，说明如何建立公司的竞争优势，如何能够比竞争对手做得更好；通过发展目标，明确业务发展速度，谋求市场地位。业务层战略，简单通俗地讲，就是生意怎么做，做什么买卖（见图 3.6）。

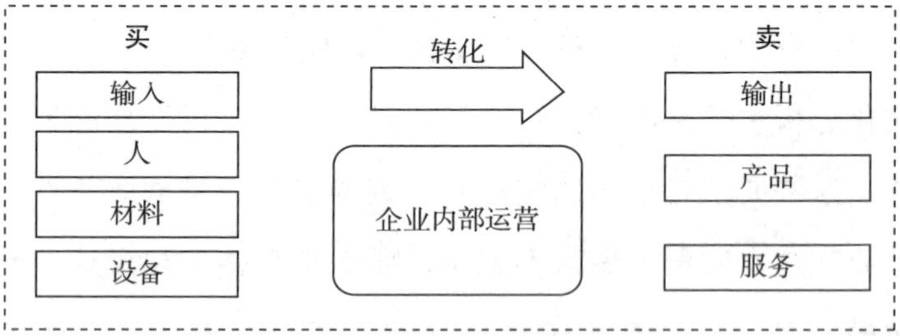

图 3.6　战略的核心（业务战略）

职能层战略，是指根据公司战略举措、资源配置计划、核心能力建设计划，从职能条线的角度制定各职能条线的专项规划，支撑公司战略最终落地，达成战略目标。战略举措，是指根据业务战略要求，明确战略规划期需要开展的战略行动；资源配置计划，是指根据既定战略分析资源需求，结合企业现有资源分析存在的差距和不足，并有计划地获取战略资源支撑战略执行；核心能力建设计划，是指结合公司实际情况，根据战略需求分析公司能力差距，有计划地提升公司能力，并结合行业有意识地培育公司核心能力，支撑战略落地执行，并实现可持续发展。

战略的制定，有一定的执行流程和决策程序，通常要在充分调研的基础上，群策群力、广泛参与，还需要多听取外部专家的专业建议，最终经过董事会批准后方可推进实施（见图 3.7）。

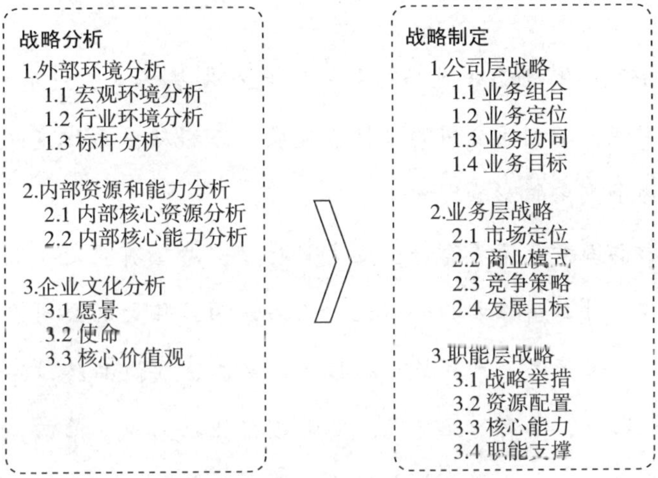

图 3.7　战略分析与制定

◆典型案例

案例一

万科集团的转型发展之路

万科的前身是王石先生1984年在深圳创立的深圳现代科教仪器展销中心。公司成立之初，市场上业务机会比较多，公司业务多元化，包括电器进口、仪器销售、服装、手表、饮料等。

万科于1988年以约2000万元拍得深圳威登别墅地块，开始进入房地产行业。

公司业务多元化可能导致公司陷入机会型发展模式，没有核心能力，每项业务都不强，不利于公司的可持续发展。万科从多元化走向聚焦房地产，其中有两个重要的影响因素。

第一个影响因素是王石有一个远大目标——希望有生之年做一个伟大的公司。那么，什么叫伟大的公司呢？王石认为，伟大的公司需要有四个特征。第一，要做产品，产品被市场接受；第二，要做品牌，品牌要超越一般的企业；第三，要有行业标准，要带领行业往前走；第四，要有被市场青睐的企业文化，成为推动社会往前进步的正能量。

第二个影响因素是“君万之争”。读者都知道近期的“宝万之争”，但好多人不清楚历史上还有一次“君万之争”。那是发生在1994年的事情，主角是万科的王石和君安证券的张国庆。虽然后来这次事件友好地解决了，但客观上对万科转型聚焦房地产产生了重要影响。

这是万科的第一次战略转型，实现从多元化到专业化发展，从而为万科后续的腾飞奠定了基础。国家住房制度改革始于20世纪90年代末，这次改革大力促进了房地产行业的发展，到这时万科已经准备好了，后来的故事读者都知道了。

万科的第二次转型，是从2002年开始，实现从专业化到精细化发展。从1998年开始，万科就稳居房地产行业的榜首地位，但王石已经前瞻性地认识到了问题，那就是品质比规模更重要。当行业处于高速发展的阶段，供小于求，什么产品都可以销售出去，但是一旦竞争加剧出现供大于求时，公司凭什么赢得竞争生存下去呢？王石当年就意识到产品品质、品牌的重要性，所以放弃了片面追求规模的单一目标，转而把品质放到第一位，走专业化品质发展路线。正是源于王石的这种思考，让万科彻底放下了做第一的虚荣，后来行业历次出现发展低谷的时候，万科成为抵御风险能力颇强的企业。

可是，近期万科也出现了流动性的危机，这也从侧面反映了当前房地产行业所面临的困难和挑战。

案例二

烟建集团的成功之道

烟建集团有限公司（以下简称“烟建集团”）创建于1952年，是主要从事国内建筑业、国际业务、房地产、资本运营等业务的大型综合企业集团。烟建集团的前身是烟台市属国有建工企业，后来改制为民营企业。烟建集团领导团队精诚合作，放眼国际、国内两个市场，注重产业和资本的融合，以人为本、励精图治，带领全体员工经过长期努力实现了跨越式发展，速度和品质俱佳，风险管理到位，产生了良好的经济效益和社会效益，成为高质量发展的标杆。

通过对烟建集团的调研和了解，给我们留下以下几点深刻印象。第一，烟建集团作风严谨、纪律严明，员工行为体现出高度的职业化；第二，可能是改制企业的缘故，烟建集团领导团队成员都有良好的教育背景，管理理念和管理水平都比较高；第三，烟建集团注重企业管理，管理体系比较规范，管理标准化程度比较高，信息化技术得到充分运用；第四，烟建集团风险管理意识非常强，商务管理能力非常优秀；第五，烟建集团改制后，机制比较灵活，对所属业务单元领导团队的激励力度比较大；第六，烟建集团非常注重员工培养，也注重企业文化的宣贯，从拥有一级建造师的员工数量（约 800 位）这个指标可以得到充分体现。

当然，烟建集团的迅速发展也离不开良好的外部环境。一方面，21 世纪以来城市化带来了大量的房地产和基础设施投资，行业总体上获得持续、快速发展；另一方面，山东省地区生产总值长期位居全国前三，而烟台经济发展情况在山东省也比较领先。

当前，随着整体经济形势下行，房地产行业遇冷，基础设施投资放缓，国际业务竞争日益激烈，整个行业都面临困难和挑战，烟建集团也一定要回答如何转型发展的考题。相信烟建集团在现有发展基础上，充分运用其资源和管理能力，一定能够顺利度过行业低谷期，交出一份漂亮的答卷。

案例三

高开低走的尚德电力

尚德电力是一家从事光伏组件制造的新能源公司。光伏行业产业链包括硅料、硅片、电池片、组件、系统应用等，而当年的尚德主要业务是电池片和组件的制造。

尚德电力由海归博士施正荣先生于 2001 年创办，由无锡市属国企代表政府出资600万美元，而施正荣出资40万美元和160万美元技术入股。

创业初期，因为市场不成熟，缺乏业务来源，一度经营十分困难，面临入不敷出的局面。后来，因为德国颁布《可再生能源法》带动了欧洲光伏市场的快速发展，使尚德电力抓住机会扭转了局面，公司业务走上持续增长轨道。

后来，董事长李延人和施正荣在公司经营管理方面发生分歧，无锡市政府选择做一个产业孵化的角色，以10倍以上的投资回报退出了尚德电力。尚德电力后来于2005年在纽交所上市，施正荣个人身家达到186亿元人民币，成为2006年中国新首富。

当时的光伏产业状况叫“两头在外”，硅材料从国外采购，应用市场也都在国外，当时有个说法叫“拥硅为王”，谁有硅料谁就能控制光伏产业，为此尚德电力还和国际硅料制造商签订了长期合作协议。

尚德电力业务迅速发展，地方政府的助力也起到了一定作用。尚德电力努力追求行业领导地位，同时打击了来自欧洲、日本、美国等国际竞争对手。于是，贸易争端产生了，欧美对中国光伏企业实行“双反”，严重影响了中国光伏产品的出口。而尚德电力因为过度追求规模，资产负债率比较高，生产经营遇到极大的困难，不得不进行重组。

而彭小峰及其赛维的故事几乎就是尚德故事的翻版，也发生在同一个阶段。

追求高速发展，导致资产负债率高，而市场波动，导致企业难以为继，这个故事在不停地上演。

著名哲学家黑格尔有一句名言：人类从历史中学到的唯一教训，就是没能从历史中吸取到任何教训。

案例四

小而美的秦正集团

秦正集团致力于区域城市化建设与运营服务，是一家集建筑工程、市政工程、房地产开发、园林绿化、物业管理、酒店餐饮及文化旅游、商业项目投资运营于一体的现代化集团企业。目前，秦正集团拥有固定资产30亿元，年产值20余亿元，年上缴国家利税近1亿元，在职员工1000余人。

秦正集团由富平县企业家杨忠强先生于2003年创办。该公司在战略发展上具有自身特色，其商业模式简要地描述就是“区域一体化”。秦正集团业务区域几乎都聚焦于富平本地，而且主要聚集在富平县城周边区域。因为富平作为一个西部县城经济总量有限，秦正集团的经营规模在行业中并不突出。从业务结构来说，秦正集团采用一体化业务模式，覆盖投资、建设、运营全产业链。

秦正集团具有良好的企业文化和工作氛围，并且真正做到以人为本。秦正集团高管团队比较稳定，通过发展具备条件后，该公司为高管团队成员解决住房和用车问题。秦正集团善待员工，关心员工的工作、学习和生活，基本没有主动让员工失业的情况。

就是这么一个规模有限、聚焦本土、全产业链发展的企业，却实现了经济效益和社会效益双丰收，解决了大量员工就业问题，并为地方经济发展和城市建设做出了卓越贡献。在当前行业不景气的大背景下，秦正集团会不会是行业转型发展的一个榜样呢？一事精致，便可动人！

3.2.2 战略执行

战略管理，重在执行。战略制定固然重要，但是战略执行更重要，战略只有通过完美执行才能达成目标，产生结果。一分战略，九分执行。不能执行的战略就是一份做完的书面作业，没有执行的计划就是空想，不会有任何结果。战略执行，首先要明确目标，确定企业前进的方向；在执行过程中，要加强对战略执行的领导，确保企业走在正确的道路上。

◆年度目标

战略执行的第一步，是要对战略进行解码。

通过战略宣贯，帮助中高层管理人员理解战略，明确战略制定的依据，领会公司战略意图，为战略执行奠定基础。

运用战略地图和平衡计分卡等工具，对战略目标进行提炼，并分解到年度，明确年度目标，并进一步细化制定达成目标的相关保障措施。

通过目标责任书或绩效合同等形式，明确经理人团队的年度经营管理目标。

◆战略执行的领导

在战略执行的过程中，董事会必须加强对战略执行的领导。

董事会需要帮助经理人团队整合外部资源，为战略执行创造条件。

董事会必须按照议事规则对经理层适度授权，并对需要由董事会把关的事项进行及时决策，把握公司发展方向。

在经理人团队需要的时候，帮助经理人团队协调公司内部关系，提升公司员工凝聚力和向心力。

但是，在实践过程中董事会和经理层之间往往会出现各种问题。有很多企业董事会和经理层人员高度重合，没有严格区分两个层次的管理；有的公司董事会比较强势，董事长深度介入公司的日常经营管理，导致董事长承担了总经理的职责，而总经理只能履行常务副总经理的职责；还有的公司出现经理人控制的情况，经理人团队架空了董事会。只有按章行事，董事会和经理层密切配合，才有利于战略的执行，并顺利实现公司的战略目标。

3.2.3 战略总结

战略总结是战略管理循环（战略规划—战略执行—战略总结）的最后一个环节，也为下一个循环的开始创造了条件、提供了依据。战略总结，通过对战略执行结果的分析，评价经理人团队的绩效表现，对其进行及时激励；同时，要分析企业发展外部环境的演变，结合战略执行情况，调整下一年度发展目标，甚至是对战略进行中期调整。

◆结果分析

信息是决策的基础，对战略执行的结果进行分析，首要的事项是建立结果分析所需要的信息系统，这样才能对战略执行的结果进行科学分析，为绩效评价和战略调整提供科学依据。

结果分析，主要是研究战略执行结果与目标之间的偏差，要着重研究偏差产生的原因是什么，是主观原因还是客观原因。主观原因主要是指经理人团队在执行过程中产生的影响因素，而客观原因主要是指企业外部环境产生的不可控的影响因素。

◆绩效评价及激励

通过结果分析，可以客观地评价经理人团队的绩效表现。对经理人团队的绩效要以签订的绩效责任书为基础进行综合评估，评价要坚持定性和定量相结合的原则，并权衡好短期目标和长期发展之间的关系。

在对具体成员的评价方式上，要权衡好总经理和董事会各自的评价权重。如果董事会对经理人团队成员的评价权限过重，则可能不利于总经理对团队成员的领导；反之，总经理权力过大，一方面可能出现总经理对成员进行片面的评价，另一方面可能出现团队成员一团和气从而削弱了董事会对经理层的控制力。

曾经有一个客户，集团要求各子公司董事长对经理班子绩效结果进行排序，结果成为各子公司董事长年度绩效考评工作中的难题。其实，这种方式对一个国有企业来说并不是很科学，对于管理者的业绩评价还是更适合以正向激励为主。比如，如果采用评估等级的方式，通过选优肯定绩效优异的班子成员，可能绩效管理的效果会更好。

绩效评价工作完成后，还需要根据绩效结果进行及时兑现，达到对经理人的激励目的。现在，企业通常在这方面都做得比较好了。

而任期激励，是在经理人任期结束后综合评价其任期内的绩效表现，并兑现其任期绩效奖金。这一激励的目的是引导经理人从公司长远发展的角度出发，有效规避短期行为。

◆目标调整

经过对执行结果的科学分析，正确认识结果与目标的差异，准确评估外部环境对企业发展的影响，结合公司实际情况可能需要对下一个绩效周期的目标进行优化调整。

如果企业的外部环境发生了重大变化，可能就需要对既定战略进行中期调整了。比如，2023 年以来房地产、基础设施及工程建设行业发展的外部环境发生了颠覆性的改变，从而各个企业当初制定的“十四五”规划都失去了可操作性，需要进行及时调整，否则当初的战略规划对公司的运营就失去了指导作用。

3.3 组织文化

企业文化体系通常可以分为三个层次——精神层、制度层和物质层，我们将会在第4章具体介绍企业文化的体系，本节不再详述。

我们这里讲的战略层组织文化是指企业的核心理念，也就是企业文化的精神层内容，通常包括企业愿景、企业使命和企业核心价值观。

企业愿景，是对企业前景和发展目标的概括性描述，它描绘了企业未来的蓝图，回答的是“企业在未来将成为什么样的企业”的问题。企业愿景通常包含：①企业对社会的影响力；②企业在市场或行业的排位；③企业与客户、股东、员工、社会等利益相关者的关系等。

企业使命，是对企业经营范围、市场目标等的概括性描述，比企业愿景更具体地表明了企业的性质和发展方向。使命是实现愿景的手段，回答的是“我该做什么”“我如何走才能实现我的目标”的问题。

企业核心价值观，是指企业及其员工的价值取向，是对事物的判断标准。有了这一判断标准，员工才知道什么是重要的，什么是可有可无的；什么是该做的，什么是不该做的；什么是可贵的，什么是要抛弃的。价值观是企业文化的重要组成部分，是公司面临选择时决定优先顺序的依据，企业价值观应该最终落实到企业员工的行为规范中去，体现在企业制度体系中。

◆典型案例

案例一

小米的核心理念

小米集团成立于2010年4月，2018年7月9日，在香港交易所主板挂牌上市（股票代码：01810），是一家以智能手机、智能硬件和IoT平台为核心的消费电子及智能制造公司。

小米的愿景：和用户交朋友，做用户心中最酷的公司。

小米的使命：始终坚持做感动人心、价格厚道的好产品，让全球每个人都能享受科技带来的美好生活。

小米的核心价值观：真诚、热爱。

案例二

万科的核心理念

万科企业股份有限公司成立于1984年，经过多年发展，已成为国内领先的城乡建设与生活服务商，公司业务聚焦全国经济最具活力的三大经济圈及中西部重点城市。2016年，该公司首次跻身《财富》世界500强，列榜单第356位，2022年列榜单第178位。

万科的愿景：以人民的美好生活为己任，以高质量发展领先领跑，做伟大新时代的好企业。

万科的使命：为最广大的利益相关方创造更长远的真实价值。

万科的核心价值观：大道当然、合伙奋斗。

案例三

中国建筑的核心理念

中国建筑集团有限公司（以下简称“中国建筑”），正式组建于1982年，是我国专业化发展最久、市场化经营最早、一体化程度最高、全球规模最大的投资建设集团之一。

中国建筑的愿景：成为最具国际竞争力的投资建设集团。

中国建筑的使命：拓展幸福空间。

中国建筑的核心价值观：品质保障、价值创造。

4 运营层管理

运营层管理，是指以总经理为核心的经理人团队所负责的企业管理工作，总经理是履行运营层管理职能的第一责任人。根据《公司法》相关规定，经理对董事会负责，根据公司章程的规定或者董事会的授权行使职权。为了叙述方便，本章将按照以下框架对运营层管理进行分析（见图4.1）。

图4.1 运营层管理内容结构

4.1 组织建设

把管理体系结构模型（“航发模型”）与运营层管理职能相结合，得出运营层管理组织建设主要包括物理结构、组织流程和人员配备三部分内容，下面分别进行描述。

4.1.1 物理结构

组织建设的物理结构部分，主要包括企业的机械、设备、厂房、办公大楼等物理要素，其中核心是机械、设备。企业在建立生产体系时，要根据市场和企业实际情况，采用相应的生产技术和工艺，配备相应的机械、设备和作业人员。在这里，要做好人和机械的平衡，多使用自动化机械、设备，少使用人的方案，属于资本密集型的路线；反之，则属于劳动密集型的路线。

古典管理理论中的科学管理原理重点研究的就是这方面内容。科学管理是针对传统的经验管理提出的，其核心问题是提高劳动生产率。为了提高生产效率，进行时间分析和作业研究，通过劳动分工使复杂工作简单化，实行标准化、流程化的作业方法，通过劳动定额明确工作标准，挑选一流的工人，并实行差别计件工资制，从而充分调动员工工作积极性。

工业工程（Industrial Engineering）专业研究的也是这方面内容，德鲁克指出它就是科学管理。工业工程起源于20世纪初的美国，它是以大规模工业生产及社会经济系统为研究对象，在制造工程学、管理科学和系统工程学等学科基础上逐步形成并发展起来的一门交叉学科。它是将人、设备、物料、信息和环境等生产系统要素进行优化配置，对工业等生产过程进行系统规划与设计、评价与创新，从而提高工业生产率和社会经济效益的综合技术。

精益生产（Lean Production），是源于丰田生产方式的一种管理方式，与企业的物理结构密切相关。精益生产是通过系统结构、人员组织、运行方式和市场供求等方面的变革，使生产系统能够快速适应不断变化的用户需求，并能使生产过程中一切无用、多余的环节被精简，最终达到生产各方面最优化的一种管理方法。

物理结构指的是企业中能够直观看到的这些机械、设备等内容，而下面要介绍的组织流程体系则通常是肉眼看不到的。

4.1.2 组织流程

组织流程体系，是指企业如何把员工组织起来形成合力去实现企业目标的管理体系，包括组织管理体系和制度流程体系两部分内容，形象的比喻就是确定“位子”和“游戏规则”。

4.1.2.1 组织管理体系

组织管理体系是指企业内部的分工协作体系，这部分内容和韦伯的科层制组织理论密切相关，其核心是分工和授权。下面我们从组织体系设计和典型组织结构两个方面来介绍组织管理体系。

◆组织体系设计

我们通常运用图 4. 2 来表示组织优化设计工作的结构性思维框架，简称“组织设计八步曲”。

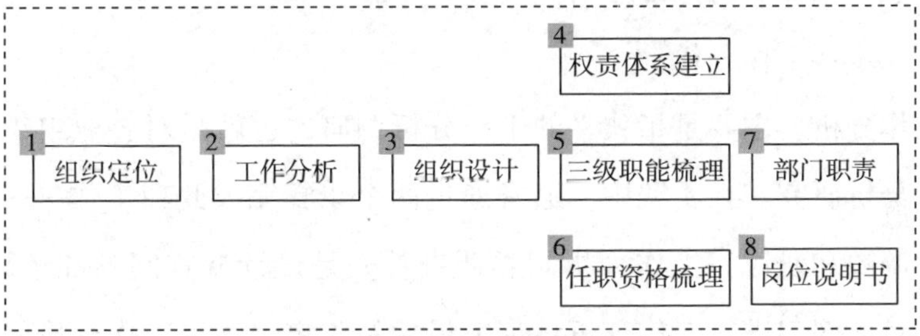

图 4. 2　组织体系设计思路

第一步：组织定位。

组织定位，是指通常说的组织管控。组织定位是对不同层次间组织功能定位与管理模式选择，是后续工作分析与组织设计工作的基础，为后续工作建立了整体框架。

组织定位要注意法人内部不同层次间的组织定位和不同层次法人间的组织定位的区别。集团管控描述的是法人间的组织定位和管理模式的选择，是描述母公司对子公司如何进行管控。而类似企业总部、分公司、项目部之间责任中心的确立与管理模式的选择则属于法人内部管控的范畴。

在集团管控体系中，通常的工作逻辑是管控模式选择、组织功能定位、职能界面划分和权责体系建立。管控模式选择，主要是从业务重要性和成熟度等维度来判断，集团公司应对子公司采用财务管理型、战略管理型或操作管理型的管理模式；组织功能定位主要明确集团职能的侧重点，如集团总部是战略发展中心、行政服务中心、财务资金中心、人力资源中心、审计法务中心和信息管理中心等，这一步是对管控模式选择的进一步细化；职能界面划分是在上一步总部功能定位的基础上，对总部重要管理职能在总部和子公司之间进行进一步划分，确定组织间管理职能的履行和配合方式；至于权责体系建立，笔者觉得应该放到组织设计后面来谈。

至于企业内部管理模式的选择，笔者觉得重点在责任中心确立和权责体系建立，在此不再详细分析。

第二步：工作分析。

工作分析，主要是指狭义的工作分析调研，也就是对企业组织设置现状进行分析研究。在实践中，通常通过两个步骤完成此项工作——工作分析问卷调查和研讨。工作分析问卷调查首先是设计调查问卷和培训材料，其次是对各部门进行工作分析培训，最后是收集、整理工作分析问卷。研讨是针对整理好的工作分析成果与各部门进行沟通，一是确认现状，二是就部门岗位设置听取部门负责人的意见和建议。

第三步：组织设计。

组织设计，是在前两步工作的基础上，具体确定以下两点：一是部门设置和部门职能（初步）；二是岗位设置、岗位职责（初步）和编制。在工作过程中要考虑以下三点：一是组织设计的基本原则；二是结合企业价值链模型综合考虑；三是公司实际情况与可接受的变革力度。

第四步：权责体系建立。

权责体系建立，是在组织设计的基础上，根据法人间职能界面的划分或法人内部责任中心的确定进一步细化各项关键管理职能的权限。其通常的表现形式是 excel 表单；表单的横向表示职能履行的主体，可能是部门或岗位；表单的纵向表示各项关键职能，职能可以进行分解。

权责体系表也不是最终可操作的文件，还不能落地，只有把相关的权责分配和管理思想体现到制度流程里，才能最终得到执行。制度的制定要有可操作性，要配备相应的流程图和操作表单，更要进行信息化，提升执行效率和效果。

第五步：三级职能梳理。

所谓三级职能梳理，本质上只是一种职能分解的方法，通过这种方法可以尽量保证职能不重叠、不遗漏。笔者觉得所谓“三级”，即公司、部门、岗位三个层次，这里的关键是要确定三个层级职能的界定标准。在实践中，我们认为能够由公司独立承担的职能叫一级职能，能够由某个部门独立承担的职能叫二级职能，能够由某一岗位独立承担的职能叫三级职能。因此，笔者认为在组织设计工作之前就开始梳理三级职能是没有意义的，在缺失界定标准的前提下，一定会出现无所适从的情况。

第六步：任职资格梳理。

任职资格梳理，本质上是对岗位任职资格进行格式化设计，与上述三级职能梳理是类似的。任职资格梳理要把握好共性和个性的结合问题；从组织层次上看，任职资格应该具有层次感，不能混乱；从横向来看，可能各类型岗位之间又会有一定的差异性。如果再深入一步，可能就是要构建能力素质模型。

第七步：部门职责。

部门职责通常是组织管理手册的重要内容，在三级职能梳理工作的基础上，梳理部门职责变得非常简单，只要把一级职能分解到二级职能的excel表上部门对应的各项职能进行简单的编辑就可以了。

第八步：岗位说明书。

同部门职责梳理一样，在三级职能梳理的基础上梳理各岗位说明书也变得非常简单。岗位说明书中的两大重要内容为岗位职责和任职资格，岗位职责来自三级职能梳理，任职资格则来自系统梳理的任职资格体系。

以上八个步骤就是我们通常开展组织设计工作的基本思路，根据不同企业的实际情况，思路可能会有所调整。在整个工作过程中，必须注重与各级管理人员的沟通，与各级管理者一起共创，这样的工作成果才更有可操作性。

◆典型组织结构

下面简单介绍比较常见的几种组织结构，供读者参考。

1. 职能制组织结构（“U”形组织）

职能制组织结构是实践中最常见的组织结构，各部门按照管理职能进行分工，有利于各部门的专业化发展，但需要注重部门之间的协作（见图4.3）。

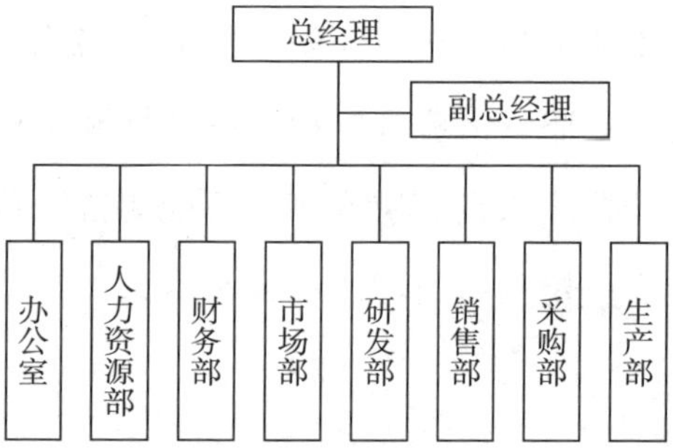

图4.3 职能制组织结构

2. 矩阵制组织结构（“U”形组织）

矩阵制组织结构是指员工既受专业部门的领导，又是项目组成员，接受项目经理的领导，形成了一个矩阵（见图4.4）。职能条线和项目条线管理力度可能会不同，管理事项会有所区别，需要根据公司实际情况进行针对性设计，并在运行中不断调整磨合。矩阵制的组织，因为存在双头领导的情况，所以协调配合很重要，否则会产生矛盾和冲突，让基层员工无所适从。

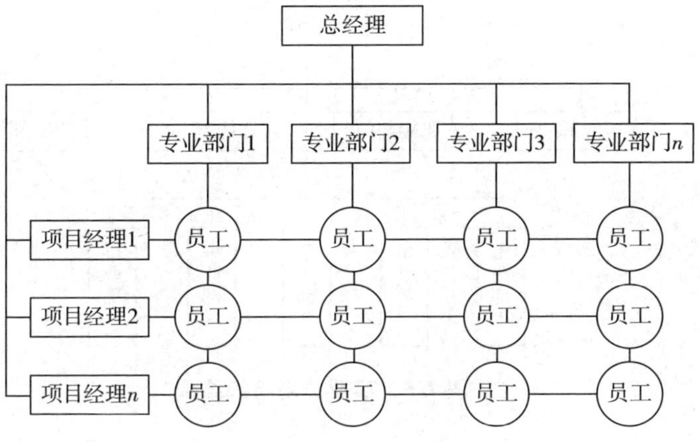

图 4.4 矩阵制组织结构

3. 事业部制组织结构（“M”形组织）

事业部制是一种常见的组织结构形式，最早起源于美国，并在通用汽车（GM）得到了成功的应用。事业部制与分公司制非常类似，也与当前流行的平台化组织和阿米巴经营模式类似。

事业部制是为满足企业规模扩大和多样化经营而产生的一种组织结构形式，是在公司领导下把分权管理与独立核算结合在一起，按产品、地区或市场（顾客）划分经营单位，即事业部（BU）（见图 4.5）。每个事业部都有自己的独立业务，能够完成某种产品从生产到销售的全部职能。事业部虽然不是独立的法人实体，但具有较大的经营权限，实行独立核算，是一个利润中心，从日常生产经营的角度来看，事业部与一般的独立法人公司区别不大。

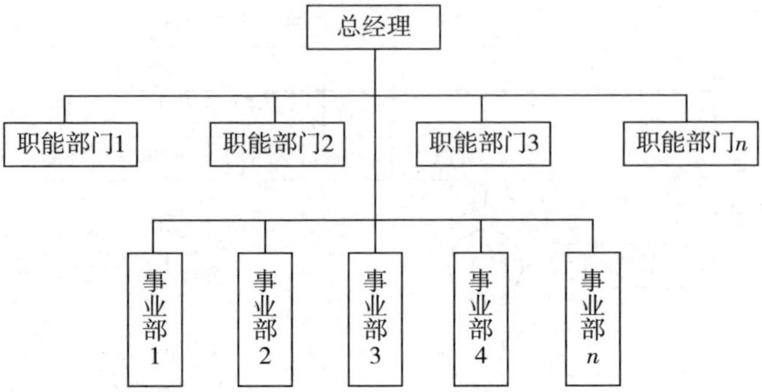

图 4.5　事业部制组织结构

4. 控股公司制组织结构（“H”形组织）

控股公司制，是组织内实行分权治理的一种结构形式，通常是在非相关领域开展多元化经营的企业会采用的一种组织形式，严格来讲并不是一个企业的组织结构形态，而是企业集团的组织形式（见图 4.6）。由于子公司之间业务多元化，集团公司对下属子公司实行战略性管控，不干预子公司内部的日常生产经营。这样，大公司便成为一个持股公司，而子公司则保留独立的法人地位，是相对独立的利润中心。

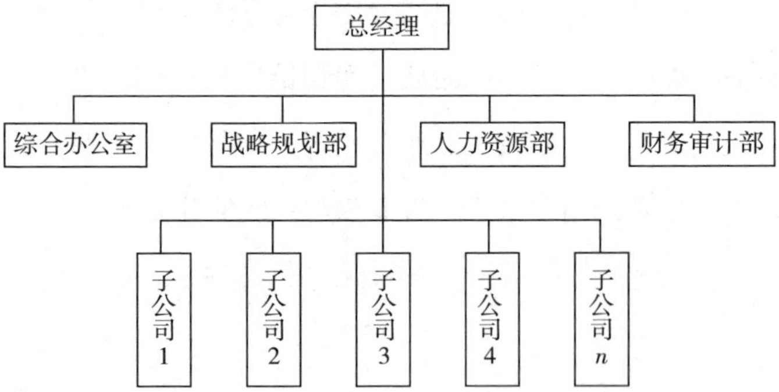

图 4.6　控股公司制组织结构

◆典型案例

案例

M 电力设计院电厂设计业务的组织变革

M 电力设计院是一家国有企业，公司所在地是国家的一个重要能源基地，公司成立以来一直聚焦于区域内电力建设项目的设计业务，主要包括发电厂、输电线路、用户侧送变电等项目的规划设计。近年来，公司业务也有了新的发展，在业务范围上向新能源行业拓展，而在业务链条上尝试进行延伸，开展 EPC 业务。

其中，火电厂的设计业务是公司的主营业务，该项业务涉及多个专业的配合，技术含量高，参与人员比较多，单个项目合同金额也比较大。因此，属于工业设计领域的火电厂设计业务是电力设计院的核心业务，代表了电力设计院的技术高度，决定了其业务规模体量。

在传统计划经济体制下，或者市场需求旺盛的情况下，设计院业务来源相对有保证，因此通常更注重专业能力的发展，形成职能型的专业分工体系（见图 4.7）。而经营计划部的部门职能更偏重合约管理、计划管理、统计管理等工作。

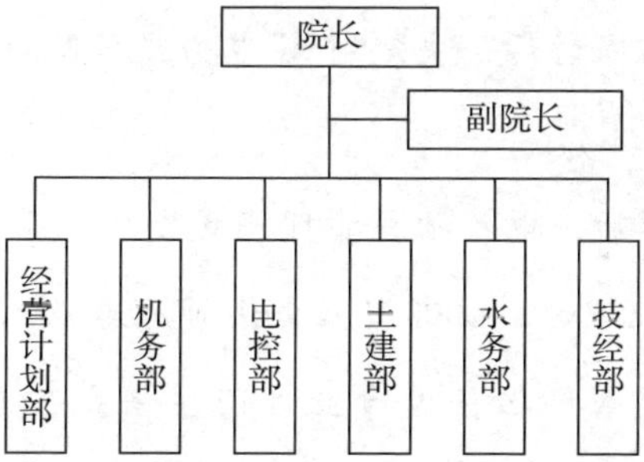

图 4.7 传统职能制电厂设计业务组织模式

在职能制组织模式下，因为业务来源有保证，所以经营计划部的工作重心是内部管理，在项目交付过程中做不到以客户为中心。专业部门的设计师完全受部门主任的领导，相互之间缺乏沟通，配合不默契，设计院层面也缺乏必要的协调，在项目进度、设计质量及投入等方面都存在一定的问题。但因为供小于求，收费标准按照国家定额，利润空间有保证，M电力设计院总体效益良好。

随着国家电力体制改革的深入推进，从"厂网分离"到"主辅分离"，电力设计行业演变成市场化的竞争性行业，M电力设计院电厂业务组织模式的弊端逐步显现出来。

各个行业的设计院在面临市场转型的过程中都感受到了竞争的压力，并采取了针对性的管理改进措施。有一些单个项目参与人员相对较少的设计院推行从"专业所"到"综合所"的组织变革，综合所成为一个独立业务单位，打通了从营销到生产的整个业务链条，成为一个利润中心，其实就是从职能制组织结构转变为事业部制组织结构。比如，很多建筑设计院就采用了综合所的组织模式。

综合所模式的优点是可以实现客户导向，并方便设计院总部层面对部门的业绩进行评价，但最大的问题是不利于专业的发展。

而M电力设计院所从事的电厂设计业务，涉及专业比较多，技术含量比较高，项目参与人员也比较多，并不适合采用综合所模式。经过我们咨询，项目组与客户深入探讨后，决定对M电力设计院电厂设计业务采用矩阵制组织方式（见图4.8）。

通过组织管理变革后，电厂项目管理模式发生了根本性的变化。

（1）新设了项目经理部，该部门人员由资深专业人士组成，大多数都是院副总工程师，甚至曾经担任过专业部门主任，在专业技术方面过硬，并具备良好的组织协调能力。

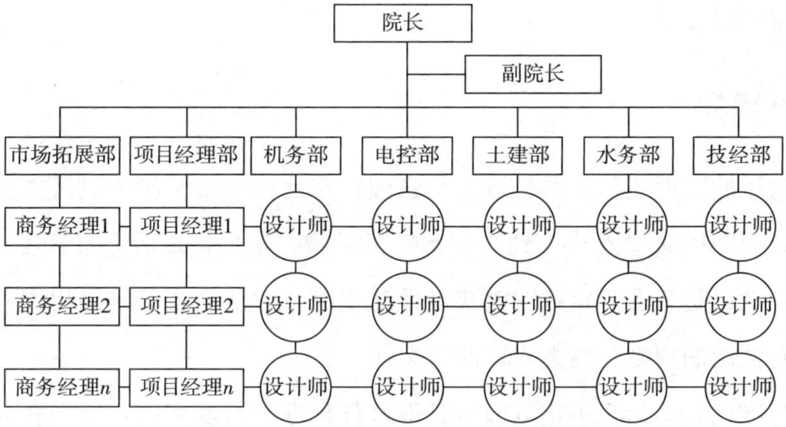

图 4.8 矩阵制电厂设计业务组织模式

（2）经营计划部改名为“市场拓展部”，强调了业务开发的职能。

（3）各专业设计师同时接受部门主任和项目经理的领导，为了规避双重领导引起的混乱，对管理方式、业绩评价方式都进行了细化设计。

在该管理模式下，合约签订之前由市场拓展部主导，项目经理部配合，凭借项目经理的资深技术实力，有力地支撑了市场拓展工作，提高了公司经营能力和中标率。而在签约后，由项目经理主导项目的交付过程，统一面对客户，提升了项目执行效率，获得客户高度认可，同时有利于后续的合作。

这次管理变革，是为了适应市场竞争需要，推进电厂业务组织模式从职能制转变为矩阵制，并配套系统的管理细则，强调了以客户为中心的经营理念，同时加强了项目实施过程中的内外部协调，使项目交付过程受控。这里很容易让人联想到华为的“铁三角”。

4.1.2.2 制度流程体系

公司组织设计工作完成后，权责分配体系文件还不具备可以执行的条件，必须将其融合进企业制度流程体系中，最好再辅以信息技术的加持，才能得到更好落实。

◆概念

这里的制度流程体系是指企业管理标准化体系，希望通过标准化管理帮助企业完成从“人治”到“法治”的转换，实现依法治企的管理目标。

标准，是为在一定范围内获得最佳秩序，对活动或其结果规定共同的和重复使用的规则、导则或特性的文件。

标准化，是为在一定范围内获得最佳秩序，对现实问题或潜在问题制定共同使用和重复使用的条款的活动，包括编制、发布和实施标准的过程。

我们通常通过管理“四化”工作实现标准化管理的目标（见图4.9）。

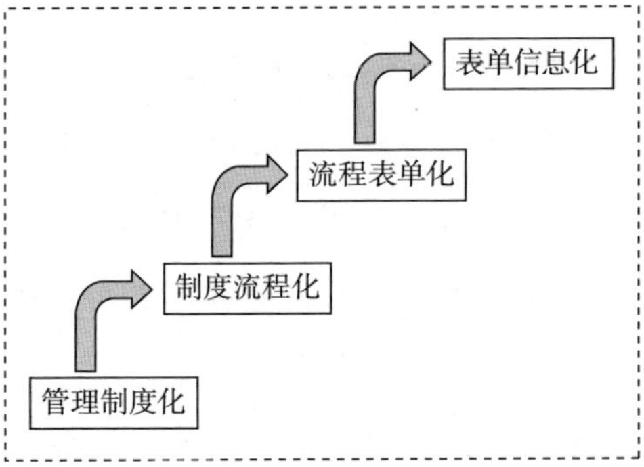

图4.9 标准化管理“四化”建设

◆标准化管理的意义

那么，为什么要通过优化制度流程体系推行标准化管理呢，标准化管理的价值和意义是什么？总结起来，标准化管理有以下六点作用（见图4.10）：

（1）提高效率。就像科学管理可以提高生产效率一样，通过标准化管

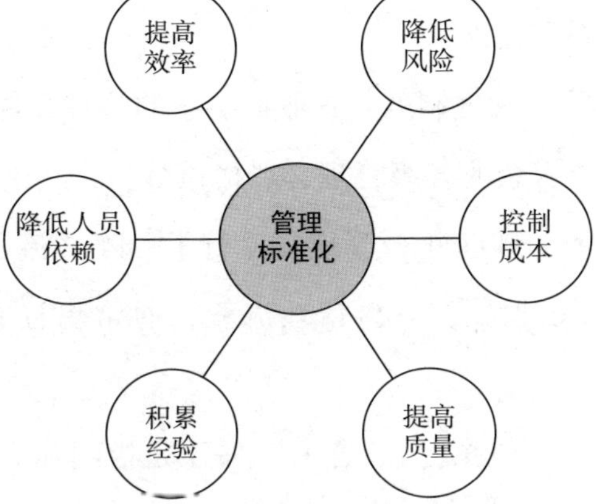

图 4.10 标准化管理的作用

理可以大大提高企业管理效率，提升企业竞争力，更好地满足客户需求。

（2）降低风险。通过推行标准化管理，可以有效地管理企业各种风险控制点，有效地降低企业运行过程中的各种风险。

（3）控制成本。通过标准化管理，可以减少浪费，通过提高效率减少管理费用，从而达到控制成本的目的。

（4）提高质量。通过标准化管理，可以提高企业产品和服务的品质，这一点在国际标准化组织质量管理体系中得到了充分体现。

（5）积累经验。通过标准化管理，可以实现隐性知识显性化，固化企业在日常生产经营中积累的知识和经验，有利于后续的推广和使用。

（6）降低人员依赖。通过标准化管理，可以降低对个人能力的依赖，使新手尽快上手，帮助企业实现快速扩张，也可以防范关键岗位员工离职对企业造成的风险。在一些大型国企或者外资企业中，中基层管理者反而比较年轻，这与这些企业的标准化、规范化管理密切相关。

◆体系融合

在实践中，许多企业存在多套管理体系的情况，体系之间还经常出现互相矛盾的地方，甚至会带来一些混乱，让执行者无所适从。企业中往往存在如下一些体系和概念：

（1）制度体系。管理制度是企业最熟悉的管理文件，通常以红头文件的方式下发，并要求企业各级管理者严格执行。

（2）流程体系。前些年，管理界流行了一阵“流程热”，有很多企业在管理制度之外又建立了一套管理流程，通常更注重业务方面的管理标准。

（3）“三合一”体系。“三合一”体系是指国际标准化组织的贯标认证体系，通常包括质量管理、环境管理、职业健康和安全管理三个体系，贯标通常是为了取得认证证书，为企业经营服务。

（4）卓越绩效体系。卓越绩效模式是当前国际上广泛认同的一种组织综合绩效管理的有效方法和工具，该模式源自美国波多里奇质量奖评审标准，以顾客为导向，追求卓越绩效。其实，大多数企业推行卓越绩效模式是为了获得国家或地方质量奖。

（5）合规体系。合规管理，是指企业以有效防控合规风险为目的，以提升依法合规经营管理水平为导向，以企业经营管理行为和员工履职行为为对象，开展的包括建立合规制度、完善运行机制、培育合规文化、强化监督问责等有组织、有计划的管理活动。

（6）内控体系。内控体系是为保证单位经营活动的效益性、财务报告的可靠性和法律法规的遵循性，而自行检查、制约和调整内部业务活动的自律系统。

（7）风险管理体系。风险管理，是指企业围绕总体经营目标，通过在企业管理的各个环节和经营过程中执行风险管理的基本流程，培育良好的风险管理文化，建立健全全面风险管理体系，包括风险管理策略、风险理财措施、风险管理的组织职能体系、风险管理信息系统和内部控制系统，从而为实现风险管理的总体目标提供方法。

企业在实践中可能会存在上述多种管理体系，造成混乱或冲突，那么它们之间的关系是什么，我们该如何处理各体系之间的关系呢？

其实，这些体系都是不同机构从不同角度制定的企业管理标准，目的都是提高公司效率和防范风险。这些体系发展的方向就是互相融合，形成所谓的“一张皮”，即管理标准化体系。

管理体系整合的思路，是以制度为基础，运用流程管理的思维和方法，整合合规体系、内控体系、风险管理体系，兼顾“三合一”体系、卓越绩效体系和其他管理体系，建立企业标准化管理体系（见图4.11）。

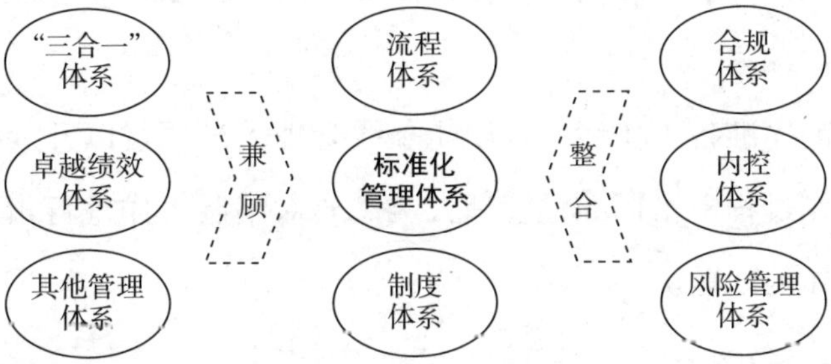

图4.11 管理体系的融合

◆建立标准体系的程序

那么，如何建立标准化管理体系呢？我们认为应该按照如下六个步骤来建立公司标准化管理体系，实现体系融合。

第一步：设计标准体系结构。

设计标准体系结构，是要在充分调研的基础上，结合企业已经存在的各类管理体系现状和问题，对管理标准体系进行系统策划，建立体系文件之间的逻辑结构，通过顶层设计为后续各项工作奠定基础。

第二步：梳理标准清单。

根据标准体系结构，结合现有管理文件，综合考虑企业发展的实际需要，系统梳理管理标准文件清单，为具体标准文件的编制做好准备。

第三步：编制标准的标准。

标准的标准，是标准化管理体系的顶层管理文件。该文件要明确标准的格式要求，规定标准文件的管理程序，是标准化管理工作本身的管理标准。

第四步：培训。

只有充分调动各级管理人员、各部门共同参与标准制定工作，才能使标准具有可操作性，从而提升标准化管理的实际效果。所以，为了各级管理人员能够顺利开展标准编制工作，需要对他们进行培训。

第五步：编写。

在做好前序准备工作后，各职能条线管理人员便可以开展标准编制工作了。在工作过程中，标准化管理人员需要对编制工作进行指导，解决编制过程中存在的问题。

第六步：审定。

标准编制完成后，必须经过相关的决策程序才能最终定稿，并发布实施。

◆标准化与信息化

企业标准化体系建立后，具备条件的企业应该尽量运用信息技术推进企业管理体系的实施，实现管理信息化。

那么，标准化和信息化之间是什么关系呢？

一方面，标准化是信息化的前提和基础。只有当企业发展到一定阶段，管理比较成熟和规范，具备了标准化、制度化管理的基础，才能很好地推进管理信息化。否则，有可能因为管理基础不够，推进信息化反而降低了企业运营效率，造成了管理混乱。

另一方面，信息化是推进管理标准化的重要手段。推行标准化管理，规范管理流程，没有信息技术的支撑，系统地掌握和执行管理标准往往比较困难，这也是过往管理制度执行不到位的部分原因。而推行信息化管理以后，可以通过信息化固化企业的管理体系，并且信息化可以突破空间限制，提升审批速度，极大地提高管理效率。管理信息化还可以实现管理留痕，确保管理问题可追溯，同时沉淀的数据能够支撑企业决策，这些都有助于提高企业的管理效率和效果。

4.1.3 人员配备

在建立组织的物理结构和组织流程体系后，下一步就需要为组织配备胜任的管理人员，企业的机械、设备需要人来操作，企业的标准化管理体系也需要人来执行，人是生产力三要素之一，也是组织的核心要素。我们主要从人员招聘、培训发展和薪酬管理三个方面来介绍人员配备的内容。

◆人员招聘

人员招聘，是指根据各岗位任职要求配置能力素质相匹配的人员，使组织具备运行的条件。该项工作是人力资源部门的中心工作，人员配置出现问题将会影响企业的正常生产经营，从而影响企业实现发展目标。

人员招聘，首先要确定人员需求。这需要公司做好人力资源规划工作，根据企业发展需要确定人才需求，结合公司现有人员的实际情况，分析差距，确定人才引进的需求和计划。有些重点岗位，甚至需要预先储备人员，以应对市场的波动。

人力资源部门要建立并维护员工招聘的渠道，包括但不限于应届毕业生、人才市场、招聘网站、猎头、内部员工推荐等渠道。有的公司为了满足公司人才需求，与高校合作进行联合培养，这样不仅能保证人员需求，还有助于员工尽早了解公司，并更好地融入公司。

做好招聘工作，还需要制定合理的招聘程序，由人力资源部门和用人部门共同参与，并按照甄选流程录用合适人选。

◆培训发展

为了让员工深入了解公司具体情况和企业文化，并提升岗位胜任能力，公司需要做好员工培训工作。

首先，公司需要为员工建立职业发展通道，使员工看到未来职业发展的希望，引导员工的学习和成长。

其次，公司要建立基于岗位和职业发展通道的能力素质模型，为人才评价、员工培训奠定基础。

再次，根据公司实际情况，通过人才测评、人才盘点等工具，制订岗位继任计划和人员职业发展计划。

最后，在上述工作的基础上，建立公司培训管理体系。针对不同序列、不同层级管理人员的需求，制订有针对性的培训计划，并推进实施。通过开展培训与职业发展相关工作，助力员工实现成长，确保员工符合岗位需求，提升执行力。

◆薪酬管理

薪酬，是指员工工作的物质回报，是员工日常工作和生活的基本物质保障，对调动员工工作积极性和提高员工工作满意度至关重要。对于公司多数人来说，薪酬回报是影响工作满意度的第一因素，第二因素是职业发展，而后才是工作氛围、工作环境、企业文化等影响因素。因此，薪酬管理体系的设计至关重要。

薪酬管理体系的设计，首先是要确定公司薪酬策略。薪酬不是越高越好，当然也不是越低越好，而是要综合考虑企业实际情况、在行业中的地位、市场人才供求情况、公司支付能力、战略发展需要、工资总额等因素，制定公司薪酬策略，为薪酬体系设计提供指导。

针对具体薪酬体系的设计工作，我们通常考虑四个方面的影响因素，实现三个目标。

第一个因素是岗位。岗位是薪酬体系设计的基础，通过岗位评估，可以合理评价各岗位之间的相对价值。

第二个因素是市场。通过对市场薪酬的调研分析，对岗位评估的结果进行微调，使薪酬水平与市场接轨。

第三个因素是能力。通过宽带薪酬区分员工对岗位胜任程度的不同，同时为员工职业发展和薪酬调整建立通道。

第四个因素是业绩。薪酬要与员工绩效考核结果挂钩，从而充分调动员工的工作积极性。

综合考虑上述四个影响因素后制定的薪酬体系，可以实现薪酬管理的三个目标：薪酬体系的内部公平性、薪酬体系的外部竞争力、薪酬体系的内在激励性。

通过建立企业的物理结构、管理体系，配备胜任的人员，并做好三个要素的融合，我们就建立了符合公司战略需要的组织体系，形成了一个有战斗力的管理团队。当然，根据公司发展需要，组织体系也需要持续不断地进行优化，保持组织与公司发展战略的动态匹配。

4.2　组织运行

将管理体系结构模型（“航发模型”）应用于由总经理主导的运营层管理，可以得出运营层管理组织运行的核心内容，包括运营计划、计划执行和运营总结三部分，这三部分构成了运营管理循环。而激励体系是一个由绩效计划、职责履行、员工激励三部分组成的激励循环，并且激励循环的三个环节和运营循环的三个环节一一对应，这两个循环组成了“同心圆”（见图4.12）。运营循环以“事”为中心，激励循环以“人”为中心。

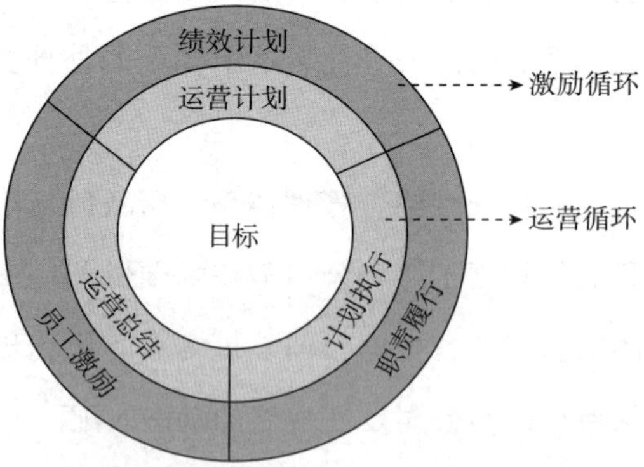

图4.12　运营管理“同心圆”

4.2.1 运营计划

为了实现战略目标，我们通过战略解码对战略目标进行分解，确定下个年度的目标，实现过程控制。总经理代表经理班子和董事会签订年度目标责任书，在明确了年度目标以后，就要组织团队来落实，需要根据目标制订年度经营计划和预算。同时，还要进行目标分解，明确各级管理人员的绩效目标，签订绩效合同。

◆设定目标

目标是企业存在的基本前提，为企业发展指明了方向。

企业发展目标不是单一的财务指标，而是一个目标体系，通常运用平衡计分卡（BSC）的思想从财务、客户、运营、学习成长四个方面来建立企业发展的目标体系。

要想实现公司的整体目标，必须进行目标分解。从时间维度来分解，就是把长期目标分解为短期目标，实现过程控制。比如，把战略目标（3～5年）分解到年度目标，把年度目标分解到季度目标或月度目标等。从组织维度来分解，就是把公司目标分解到部门、分公司和员工，实现层层分解、指标共担。

做好目标管理的关键在于加强双向沟通，通过研讨使双方理解、认同绩效目标，为后续计划执行和目标实现奠定基础。

◆制订计划

目标明确后，为了顺利实现目标，就需要细化制订具体的工作计划。

制订公司年度经营计划，首先要从业务角度出发。要根据财务指标，制订公司营销计划，根据营销计划制订公司的生产计划，然后再制订相关的技术、研发、物资等计划。

制订公司年度经营计划，也要考虑职能支撑方面，如资金计划、人力资源规划等，通过职能工作保障业务计划的实现。

公司年终总经理工作报告中基本涵盖了年度经营计划的内容，尤其是国有企业在这方面具备很好的管理基础。

◆编制预算

在年度目标和计划明确以后，还需要进一步细化制定年度预算。通过预算工作对计划执行的结果进行量化，可以进一步论证计划的可行性，为资源配置做好准备，确保计划顺利实施。

当前，大多数国有企业都已经推行了全面预算管理，虽然取得的效果并不一致，甚至对部分企业产生了负面影响，但在这方面毕竟进行了实践，有了一定的基础。

◆制订绩效计划

在目标、计划、预算工作完成后，还需要考虑到执行过程中人的因素。为了充分调动员工的工作积极性，必须把工作层层落实到各级管理人员，并通过绩效合同的方式进行明确。奖惩必须事先明确，在工作开展之前就要明确目标和激励办法，只有这样才能调动员工的工作积极性。

绩效管理的工具有很多种，各种理论层出不穷，如MBO、BSC、KPI、OKR、工作写实等，但更重要的是把握绩效管理的目的和方法。绩效管理的目的是实现公司的目标，帮助员工完成工作计划，实现公司和员工共同发展。奖惩不是目的，而是一种管理手段，是为了激励管理者为实现企业目标而努力。因此，在绩效管理方法方面，特别要注重发挥沟通的作用，沟通对绩效管理工作的成效起到决定性作用。

另外，还要注意薪酬管理与绩效管理的区别。薪酬管理涉及员工切身利益，而一旦方案经过决策程序确定后，员工只能接受，也就不太关注了。绩效管理则完全不同，绩效管理工作是一个循环，是需要各级管理人员长期参与的工作，想把绩效管理工作做好并不容易。因此，一定要注意绩效管理方案的可操作性，要制定和公司发展阶段、管理水平相适应的管理办法，甚至宁愿简单也不要太复杂，否则不仅会占用管理者大量工作时间，还达不到预期效果，甚至可能成为管理负担，给企业带来不利影响。

绩效管理方案本身不复杂，但在实践中做得好的企业并不多，这其中有一个重要的原因是绩效文化和中国传统文化有一定的冲突，所以不要对绩效管理过分依赖，要灵活运用好绩效管理这个工具，体现符合东方文化特色的管理艺术。适合您的才是最好的！

4.2.2 计划执行

目标、计划、预算完成了，绩效的“大饼”也画好了，下一步就是团结一致去奋斗了。战略不能执行就毫无价值，不执行的计划就是废话，某种程度上计划重要，执行更重要。一分战略，九分执行；一分计划，九十九分执行。

在计划实施过程中，需要加强对执行的领导，全公司上下拧成一股绳，精诚团结、力出一孔，通过形成合力推动执行，达成既定目标。我们主要从指挥和协调两个角度来理解“领导”。

◆指挥

指挥，是法约尔管理五项职能之一。我们主要从组织纵向的视角来理解指挥，是管理人员根据管理目标和计划确保下属正确地开展工作，是管理者权力的运用和体现，是命令和指导。

◆协调

协调，也是法约尔管理五项职能之一。我们主要从组织横向的角度来理解协调，是指管理者在整体目标的指引下处理部门或个人之间的冲突和矛盾，促进团结协作，形成组织合力的过程。

当然，协调也包括与企业外部其他组织或个人的沟通，如供应商、客户、竞争对手、各种协会、社区、监管机构等，这也是保证企业日常生产经营工作顺利开展的前提条件。

领导是计划执行的关键，因此企业各级管理者都有必要提升领导力，卓越的领导力能带来高效的执行力，通过指挥和协调形成合力，从而推动企业发展目标和个人成长目标的共同实现。

4.2.3 运营总结

在计划期结束后，需要对照目标对结果进行总结，分析目标完成情况，评估团队的业绩表现，解决运营过程中存在的问题，并做出相应的调整，从而实现对企业运营的有效控制，形成管理闭环。我们主要从目标分析和团队激励两个角度来介绍运营总结环节。

◆目标分析

对公司计划执行和目标完成情况进行总结分析，首先要收集与公司经营相关的内外部信息。从外部来看，需要持续对行业发展动态进行跟踪研究，掌握行业动态及发展趋势，同时对行业中的标杆企业和竞争对手进行研究，为公司经营分析提供条件。从内部来看，主要是收集公司生产经营各方面的具体数据，如果公司拥有运行良好的信息化管理系统，信息收集工作就会相对便捷了。

对目标完成情况要从客观和主观两个方面进行分析。

客观因素分析，主要是根据企业发展外部环境的情况来分析，特别是要研究行业发展情况和竞争对手经营数据。在此基础上，判断期初制定的目标是否科学合理，在这样的发展形势下，企业理应实现什么样的经营成果。这里要认识到，目标完成了并不代表业绩优秀，而目标未完成也并不一定代表业绩就不好，还要结合企业发展外部形势来综合判断。

而主观因素分析，主要是根据期初设定的目标、目标实际完成情况和企业发展外部形势，来正确认识管理团队的经营成果，客观、合理地评价管理团队的经营业绩。

通过收集内外部信息，掌握公司发展外部形势和经营成果，有两方面作用：

一是为下一个管理周期制定合理的发展目标奠定基础。

二是为下一步实施员工激励提供依据。

◆团队激励

激励不是目的，而是手段，是为了调动员工工作积极性，为了企业更好地发展。根据业绩表现对各级管理人员进行及时激励至关重要，我们从业绩评价和激励两个方面来进行说明。

1. 业绩评价

在公司层面对公司整体业绩有了客观的认识后，还必须对各级管理人员进行层层考评，确定各位员工的业绩表现。

绩效考评大致可以分两个层面进行，公司考评到部门或分、子公司，然后各部门或分、子公司再组织考评到员工，即所谓组织绩效和员工绩效。

组织绩效是公司层面应该重点关注的工作，这是公司运营的指挥棒，是各项工作开展的抓手。

而对于员工绩效，公司可以制定一定的管理框架和实施细则，授权各部门自行完成。

2. *激励*

激励，是根据员工业绩表现，进行奖勤罚懒，通过“胡萝卜加大棒”的管理方法充分调动员工的工作热情。

激励，可以分为正激励和负激励。正激励包括发奖金、涨工资、升职等方式，而负激励就是扣奖金、降薪、降职、解除合同等。在我国的文化体系下，通常更强调以正激励为主、以负激励作为补充管理手段。

通常情况下，奖励可以不定期进行，否则会形成习惯，失去激励效果；而惩罚是在每次出现过错时都必须处理，这样可以消除员工的侥幸心理。

激励的时效性非常重要，各级管理人员的绩效奖金应该尽早发放到位，这样才能达到更好的激励效果。

根据以上分析，可以看出公司层面的运营管理非常重要，而运营管理的第一责任人是公司总经理，为了更好地开展公司运营管理工作，公司通常会设立专业的职能部门，如企业管理部、战略发展部、战略运营部、运营管理部等。不管部门名称叫什么，大致都履行以下职责：①行业研究；②战略规划；③运营管理；④组织绩效；⑤制度体系管理；⑥信息化管理；⑦组织机构管理等。

4.3 组织文化

◆企业文化的概念

企业文化，是指企业在长期的生产经营实践中所形成的，为本企业所特有的且为企业多数成员共同遵循的最高目标、价值标准、基本信念和行为规范等的总和及其在企业活动中的反映。

◆企业文化的三个层次

企业文化通常可以划分为三个层次：精神层、制度层和物质层，这三个层次和企业形象识别系统（CIS）是一一对应的（见图4.13）。

（1）精神层文化，对应着CIS中的理念识别系统（MI），是企业始终需要坚持的原则和精神，包括企业愿景、使命、宗旨、价值观等。这部分内容在第3章已经进行了详细的介绍。

（2）制度层文化，对应着CIS中的行为识别系统（BI），主要包括基本政策、管理原则、规章制度和员工行为准则。其中，行为规范是关键，可以引导员工在工作中和谐共处、高效协作。

（3）物质层文化，对应着CIS中的视觉识别系统（VI），是指通过视觉、听觉，向内部员工与社会大众展现和传播企业的经营理念，并配合企业内部经营管理和员工的规范化行为，塑造统一、鲜明的企业形象。物质文化包括生产资料文化、产品文化、环境文化，如品牌、包装、厂容厂貌等。

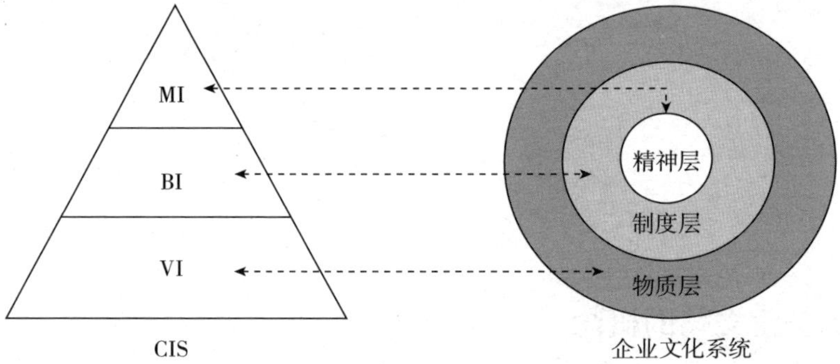

图 4.13　企业文化体系结构

◆企业文化的价值

那么，在企业中推行企业文化建设的目的是什么呢？企业文化的功能和作用主要有以下三点：

（1）统一员工的思想、观念、态度、行为和价值观，提升企业形象。

（2）营造企业氛围，吸引、凝聚人心。

（3）激发团队潜能，实现战略目标。

◆推行企业文化的要点

（1）企业文化是客观存在的。推行企业文化，首先要认识到企业文化在任何一个企业中都是客观存在的，尽管企业没有成型的文化系统，但每个企业都有自己的企业文化。企业文化是企业在长期生产经营过程中形成的，是组织运行的结果，是不以人的意志为转移的客观存在。企业文化是干出来的，不是编写或总结出来的。

（2）企业文化是可以塑造的。企业文化是客观存在的，与企业战略相一致的企业文化有利于战略实施，而如果企业文化不符合战略发展需要，将会阻碍战略目标的达成。在这种情况下，公司就需要对企业文化进行变革，总结、倡导、推行符合公司发展需要的企业文化。企业文化变革是一项非常艰巨的任务，需要在文化体系建设、方案实施上狠下功夫。

（3）领导支持对企业文化建设很关键。规模较小的企业，特别是许多中小民营企业，企业文化甚至就是老板文化，创始人的理念、行为、喜好直接决定了企业文化。而在中大型企业中，公司主要领导需要重视文化建设，带头倡导企业文化理念，在企业中起到示范、引导作用，促进企业文化落地生根。

企业文化是企业运行的环境基础和精神氛围，企业发展需要文化力量的支持，各级管理者要高度重视企业文化建设，并积极地去践行。

5 职能层管理

职能层管理，是公司职能部门层面的管理工作，部门经理是履行部门管理职能的第一责任人。部门层面的管理往往不会引起公司层面足够的重视，但我们发现部门层面的管理工作完全遵循管理的体系结构逻辑。为了叙述方便，本章将按照以下框架对职能层管理进行分析（见图 5. 1）。

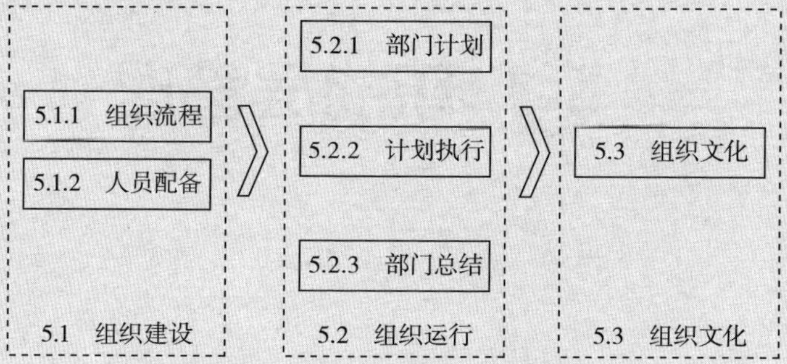

图 5. 1 职能层管理内容结构

5.1 组织建设

把管理体系结构模型（“航发模型”）与职能层管理相结合，得出职能层组织建设主要包括组织流程和人员配备两部分内容，下面分别进行说明。

5.1.1 组织流程

部门组织流程体系，是指职能部门如何把员工组织起来形成合力去实现部门目标的管理体系，同样包括组织管理体系和制度流程体系两部分内容。

◆组织管理体系

部门层面的组织管理，主要是根据部门职责和工作量进行工作分析，确定部门岗位设置和编制，明确各个岗位的工作职责和任职资格要求，通过岗位说明书的形式予以标准化，为后续对部门员工的管理打下基础。

该项工作，通常会在公司人力资源部的统一组织下，按照公司统一格式要求，由部门经理组织部门相关人员共同完成，并经相关程序审定后发布执行。

当然，在必要的情况下，应及时对岗位设置、编制和职责等进行优化调整，从而保持岗位管理与部门工作目标的动态匹配。

◆制度流程体系

在组织管理体系的基础上，部门需要组织制定与本部门职能相关的各项管理制度，以及各项工作的流程和操作表单，经公司批准后实施，更好地履行本部门的各项职责。

◆信息化管理

根据公司统一安排和需要配合公司推进与本部门管理流程相关的信息化工作，运用信息技术提高管理效率。

5.1.2　人员配备

◆人员招聘

在部门人员招聘和配置方面，部门需要和人力资源部门密切配合，按以下程序开展工作：

（1）部门提出用人需求计划；

（2）人力资源部门汇总后，通过相关渠道发布招聘信息；

（3）配合人力资源部门对候选人进行甄别比选；

（4）经过相关决策程序后确定人选；

（5）配合人力资源部门办理员工入职手续。

◆培训发展

部门应对员工进行培训，帮助员工胜任本岗位工作；在此基础上，继续支持员工提升工作能力，寻求职业发展。部门需要开展以下五项工作：

（1）为员工做入职引导，帮助员工适应新的工作环境；

（2）支持员工参加公司组织的各项培训学习；

（3）为员工进行专业知识培训，帮助员工提升能力，达到岗位履职要求；

（4）必要的时候，甚至通过师傅带徒弟的方式帮助员工提升工作能力；

（5）帮助员工持续提高工作能力，为员工创造晋升机会，提供更多职业发展机会。

◆薪酬管理

在员工薪酬管理方面，部门需要做到以下三点：

（1）和人力资源部门共同商定员工薪酬标准；

（2）合理评价员工业绩，及时激励；

（3）根据员工绩效表现，提出员工薪酬调整建议。

5.2 组织运行

把管理体系结构模型（“航发模型”）运用到由部门经理主导的职能层管理，得出部门组织运行主要包括部门计划、计划执行和部门总结三部分内容，这三部分构成了部门管理的循环过程。

5.2.1 部门计划

◆目标管理

公司层面的年度目标，经过分解后落实到部门层面，就成为部门目标。

为了实现部门目标，部门经理需要把部门目标分解落实到各岗位员工。从公司和部门层面分解到各岗位的目标可能比较少，还需要结合岗位职责提炼出一些目标，汇总成为员工目标。在员工层面，可能定量的目标相对少一些，而定性的目标相对多一些。从而，BSC 等管理工具在这个层面的作用就会比较有限。

为了加强过程控制，部门通常还需要把目标按照时间维度进行分解，比如，把部门年度目标分解到季度或月度，在过程中跟踪目标实现情况，对目标进行及时调整，确保年度目标的实现。

部门层面的目标管理，同样要重视上下级之间的双向沟通，通过研讨使双方理解、认同绩效目标，为开展后续工作和实现目标奠定基础。

◆计划管理

目标确定后，需要根据目标制订具体工作计划，并保持岗位之间计划的衔接。

计划管理非常重要，通过召开会议的方式对部门工作进行计划和总结，有利于部门职责履行和目标实现。

有的公司部门计划甚至做到周计划，还有的通过晨会的方式做到日计划、日总结，都体现了对计划的重视。当然，计划做到什么样的颗粒度还是要根据公司实际情况来确定，也不是计划得越细越好。计划太复杂了，计划缺少灵活性，可能出现计划赶不上变化的情况，而且会影响员工工作的主动性和创造性。

◆预算管理

在部门计划确定后，还要根据工作目标和计划，在公司统一组织下编制部门预算，部门预算是公司整体预算的一个组成部分。

◆绩效计划

在部门目标、计划、预算工作完成后，为了充分调动员工工作积极性，需要把工作落实到个人，并通过绩效合同的形式进行确认。

在制定员工绩效目标的时候，也必须注重沟通，这样才能达到绩效管理的目的。绩效管理的目的是帮助员工完成工作，奖惩不是目的，而是一种管理手段。

5.2.2 计划执行

在部门计划实施过程中，需要加强对执行的领导，通过部门团队协作推动执行，达成部门目标。我们从指挥和协调两个角度来理解部门计划执行。

◆指挥

指挥，主要是从纵向的角度来理解，是部门经理命令、指导员工根据岗位职责和计划来开展工作，控制工作的进度和质量。

◆协调

协调，主要是从组织横向的角度来理解，是指部门经理在整体目标的指引下处理部门或个人之间的冲突和矛盾，形成团队协作。

当然，协调也包括与领导、其他部门或个人的沟通，这是保证部门工作顺利开展的前提条件。

5.2.3 部门总结

在计划期结束后，同样需要对部门计划执行情况进行总结，分析部门目标完成情况，同时需要评估团队成员的业绩表现，进行有效的激励，从而实现对部门工作的有效控制，形成管理闭环。我们可以从目标分析和员工激励两个角度来对部门总结环节进行说明。

◆目标分析

对部门计划执行和目标完成情况总结分析，要从客观因素和主观因素两个方面进行。

客观因素分析，主要是考虑期初员工工作目标制定得是否合理，过程中部门目标是否有调整，在员工履职过程中是否出现了不可抗力的影响因素。而主观因素分析，主要是分析各岗位工作职责履行情况。

◆员工激励

我们从业绩评价和员工激励两个方面进行说明。

1. 业绩评价

根据目标分析结果、员工工作情况，综合考虑其他业绩影响因素，评价部门各位员工的业绩表现。

2. 员工激励

根据员工业绩表现，对员工进行及时激励。

激励的目的是对员工工作表现进行反馈，通过激励机制调动员工的工作积极性，形成奖勤罚懒、优胜劣汰的良好用人机制。

5.3 组织文化

企业文化可以统一员工思想，营造良好氛围，凝聚力量，激发团队工作热情。因此，企业文化对企业和员工都非常重要，良好的企业文化不仅有利于企业发展，也可以增强员工归属感，使企业成为员工的精神家园。

那么，部门层面如何参与企业文化建设呢？我们主要从以下三点进行说明。

◆参与企业文化体系建设

公司在建立统一的企业文化体系时，需要系统地进行调研和研讨，部门层面应当密切配合企业文化调研工作，并积极参与企业文化建设研讨，为企业文化体系建设贡献本部门的智慧。

◆贯彻执行企业文化方案

在企业文化体系设计完成并发布后，部门经理应在本部门积极推进落实。

一方面，部门经理要带领部门员工一起认真学习、领会新的企业文化体系，把握企业文化的要求；另一方面，部门经理要带头践行企业文化，在行动中主动与企业文化的理念和要求保持一致。

◆部门文化

在部门之间或部门内部，有可能出现非正式组织和部门文化（亚文化），部门经理需要对此保持关注，确保这些非正式组织和文化不能与企业总体文化形成冲突，并艺术性地加以引导和利用，更好地履行部门职责。

6 管理的前世今生

通过前面5章内容，我们已经系统地向读者介绍了管理的概念、价值、体系结构和整体思考框架，帮助读者建立了管理理论的系统思维，给读者提供了一张管理学习地图。为了帮助读者从动态发展的角度来看管理，了解管理思想的昨天、今天，展望管理的明天，把握管理的演变逻辑，进一步加深对管理的理解，本章将带领读者来回顾管理思想的发展历程。唐太宗说“以古为镜，可以知兴替”；培根说“读史使人明智”。因此，回顾管理思想的发展历程一定有其理论意义和现实意义，希望本章的内容能够帮助读者达到鉴古知今的目的。

管理思想的演变是有其内在规律的，掌握了规律可以帮助读者更好地理解、学习并掌握管理知识。政治、经济与社会因素都会影响管理思想的形成和发展，政治决定了国家和人之间的关系，经济决定了人和资源之间的关系，而社会决定了人和人之间的关系，这些都为作为微观经济组织的企业的管理设定了前提和思维框架，这是企业管理思想发展的背景和环境。这里要重点强调一下生产力发展水平和哲学基础对管理思想发展的影响。生产力是具有劳动能力的人和生产资料相结合而形成的改造自然的能力，从原始社会的狩猎和采集，到农业社会的农业生产和家庭手工业，到工业社会的机械化大生产，再到现今信息时代的万物互联和全球化，管理思想也相应地经历了萌芽、发展和成熟等发展阶段。而一个社会的哲学基础会影响思维模式和价值观，从而也必然会对管理思想产生相应的影响。

当今西方管理思想和东方管理思想的差异正是因为各自产生的哲学基础不同，西方管理思想产生的哲学基础是雅典哲学思想，而东方管理思想产生的哲学基础是中国哲学思想。掌握了管理思想的发展规律，就可以穿越历史的迷雾，透视管理思想的前世今生。后续具体管理思想的演变内容也正是根据这些规律来展开的。

学习要勤于思考，做到理论联系实际，理性、辩证、客观地进行分析。因此，在对具体内容展开分析之前，有必要对以下几点做个提醒和说明。

◆历史可能是成功者书写的

成功者，光芒万丈。于是，成功者就有了影响力和话语权，好像什么都懂、什么都会，说什么都是对的。作为成功的个人，可能会写个人传记，甚至于思考“百世流芳”“青史留名”；作为成功的国家，可能会重写历史，有选择地根据自己需要来记录历史。而那些失败者，都湮灭在历史的尘埃里，好像从来都没有来过一样。历史书很薄，能记录的人和事非常少，做一个历史的幸运儿不容易，我们绝大多数人最终都必将像流星一样在历史的时空中一划而过，不留下任何痕迹，更带不走一片云彩。成功者撰写的历史很可能是片面的。

具体到管理思想史来说，因为20世纪是美国的世纪，好像管理思想史就变成了美国的管理思想史，常春藤高校变成了管理学的殿堂。然而，工业革命起源于欧洲，管理思想的萌芽和发展也起源于欧洲，更不用说西方管理思想史的哲学基础也是来自古希腊哲学。所以，读者在研究管理思想演变历史时，不要忽略对欧洲哲学和管理理论的研究，初心和来路很重要。

◆管理思想史可能是教授书写的

市面上可以获取的有关管理思想发展史类的书籍，绝大多数都是学者编写的。笔者认为可能有以下几方面原因：一是企业管理者太忙，没有充分的时间来从事这项工作；二是企业管理者可能普遍更重视实践，理论功底不够；三是学者有学术平台可以发声，更有权威性，写的书有人看；四是学者需要出成果、评职称，否则个人就无法进步，职业就无法发展。

比如，在美国西方电器公司的所属的霍桑工厂进行的霍桑实验，开创了基于社会人假设的行为科学学派，整个实验并不是由梅奥主导的；梅奥主导了对霍桑实验的解释，但是其中也有非常多的争议和质疑；而且，行为学派的起源似乎是社会福音派。然而，梅奥教授及其研究团队背后的哈佛大学和麻省理工学院起到了背书作用，结果历史就这样记录了这个故事。

但是，德鲁克曾说，“管理是一种实践，其本质不在于‘知’，而在于‘行’”。古典管理大师泰勒和法约尔起初都是管理实践者，泰勒更是因为兴趣放弃了哈佛大学的学业而去做一名工人，他们共同建立了管理理论的框架，并沿用至今。所以，研究管理思想不能忽视实践界的声音，要多听听企业家是怎么说的。

◆管理思想的演变是与时俱进的

管理思想要得到认可必须符合时代的需要，必须能够指导实践。泰勒和法约尔的故事就生动地说明了这个道理。泰勒的科学管理理论，并不一定是原创，巴比奇不一定认可泰勒的知识产权；而且，泰勒的名著《科学管理原理》也不是他亲自撰写的，而是由库克完成的，结果却署上了泰勒的大名，库克主动提出放弃版权，但根据出版商的记录证明稿费都支付给了库克，读者可以琢磨下背后的故事。法约尔从总经理的角度来看管理，他建立的五要素框架至今仍然成立，他的管理理论更有高度、更全面、更超前，《工业管理与一般管理》一书是他亲自完成的，但他活到了84岁也没有等到他的理论被充分认可。法约尔比泰勒年纪大，管理经验更丰富，然而在那个年代，活了59岁的泰勒成为科学管理时代的大神，而法约尔却暗淡无光。除了法约尔是一个法国人外，主要原因是泰勒的管理理论符合当时的管理实践，而法约尔的管理理论超前了，需要等待后人对其价值的认同。先驱，如果不符合时代的需要，很可能就变成了“先躯”。

◆管理思想通常是众人的结晶

颁奖大会上，获奖者在发表获奖感言时，通常会感谢很多人，其中往往会说到要感谢团队。获奖者的发言并不是自谦，他往往是被选出来代表一项工作成果，实际上他只是一个幸运儿，一项成果的取得是大家共同努力的结果。

同样地，管理理论的创新通常也是建立在前人努力的基础上，是大家共同努力取得的成果。无论是开创管理学先河的科学管理原理，还是划时代的行为科学理论，都遵循这个研究范式。所以，在研究管理思想史的过程中，希望读者也能辩证、客观地进行分析，把握事实，不要片面地分析问题，盲目地拜倒在作为幸运儿的所谓大家之前。

以上四点说明，主要目的是希望读者在研究管理思想史的过程中能辩证地看问题，对管理思想的演变进行理性、客观的分析，把握理论发展的脉络，更好地理解、更好地运用。

管理的历史无比漫长，只要人们开始合作，人类管理实践就开始了，这甚至可能要追溯到人类从南方古猿进化到人的时间节点。

大约7万年前，人类进化到智人阶段，并第三次从东非出发，逐步扩展到全球。这次进化大大提高了人的思维、组织和协作能力，他们消灭了原先欧亚大陆的各色人种，包括比智人更强大、脑容量更大的欧洲土著尼安德特人。从此，智人统治了全球，那个年代还是采集和打猎的阶段，从而全球进化了无数年第一次见到人类的大型哺乳动物都消失了。

大约 1 万年前，地球上首先在两河流域发生了农业革命，人类逐渐学会了农业生产与畜牧饲养，从而定居下来，有了自己的家园，建立了发展的根据地。

大约 5000 年前，苏美尔人发明了楔形文字、埃及人发明了象形文字，人类开始用文字来讲述自己的故事，逐渐走进了文明时代。于是，我们可以从过去的文字记录中分析人类管理实践的发展与演变。

在公元前的 500 年内，人类经历了一个群星璀璨的时代，希腊出现了苏格拉底、柏拉图和亚里士多德等哲人，中国出现了儒家、道家、法家、墨家、兵家等哲学流派，西方古希腊哲学思想和中国哲学思想逐渐发展成熟了，这对后来管理思想的形成和演变产生了重大影响。

在 1500 年前后，欧洲黑暗的 1000 年中世纪阶段终于结束了。紧接着，经过文艺复兴、宗教改革、启蒙运动，终于为科学革命和科技大发展奠定了基础。

16 世纪和 17 世纪，是航海时代，是西班牙、葡萄牙和荷兰的时代，但是它们最终仅仅是个海盗的角色，对现代文明并没有什么持续的贡献。

1688 年，英国发生了“光荣革命”。同时期，牛顿提出了他的力学三大定律。1750 年左右，英国爆发了工业革命，工业从作坊制逐渐走向了工厂制，企业管理思想开始萌芽。

1789 年，法国爆发了资产阶级大革命，随后逐渐走上了工业化的发展道路。

1776 年，美国通过独立战争建立起自主、独立的主权国家；1865 年，美国结束内战，恢复了国家统一。通过整合欧洲的技术、人才、资本，结合美国自身的资源禀赋，在其体制和机制的加持下，美国于第一次世界大战前已经成为世界第一强国。通过第一次世界大战，美国的国力进一步得到巩固，世界金融中心也从伦敦转移到纽约。终于，管理思想迎来了历史上的第一个高峰，即科学管理和行为科学时代。这个时代的管理理论的核心思想是提高劳动生产率。

通过第二次世界大战，形成了全球新的政治、经济、军事格局。第二次世界大战结束到20世纪80年代，管理思想继续得到蓬勃发展，形成了管理理论的丛林。

苏联解体后，美国成为全球唯一的超级大国，日本经济在美国的帮助下得到了高速发展。同时，市场竞争越来越激烈，管理理论也得到了新的发展，形成了管理思想发展的第二个高峰。这个时代的管理理论的核心思想是如何通过更好地服务客户从而赢得竞争。

我们回顾了经济发展的历程和管理思想演变的各个阶段，下面我们将简要介绍各个阶段管理思想的发展状况。

6.1 古代管理思想

古代管理思想，主要是指欧洲中世纪之前的管理思想，这个阶段，欧洲还处于早期的奴隶制社会。这个阶段的人类文明，主要是四大文明以及古希腊、古罗马文明，古代的管理思想也发源于这些古老的文明。

◆古埃及的管理思想

古埃及曾修建了大量的灌溉工程，埃及金字塔和运河工程堪称人类工程史上的奇迹。在这些工程项目建设过程中，都需要周密的计划、组织、领导和控制，都展示了当时的组织管理水平。

而且，古埃及人很早就意识到管理幅度的问题。古埃及有个习俗，就是让工人和仆人为去世的法老陪葬。后来，这一习俗改为用人的雕像来陪葬。根据考古发现，法老的陪葬人数通常为10人，这可能说明一个人的领导幅度以10人为限。

◆古巴比伦的管理思想

古巴比伦国王汉穆拉比（约前1792—前1750）统一两河流域后，建立了集神权与王权于一体的中央集权制国家管理体系。为了进一步加强管理，他还颁布了《汉穆拉比法典》，实施依法治国。

◆《圣经》中的管理思想

摩西根据其岳父叶忒罗的建议建立科层制组织结构，叶忒罗成为世界上第一位管理顾问，是我们管理咨询顾问的祖师爷。

◆古印度的管理思想

考底利耶（约公元前4世纪）是摩揭陀孔雀王朝开国大臣，也是印度历史上最伟大的政治家。他所撰写的《政事论》建立了公共行政管理体系，提出了如何建立政治、社会和经济秩序的建议。

◆古希腊的管理思想

古希腊是欧洲文明的摇篮，它的制度、艺术、语言、戏剧和文学都是人类文化中璀璨的明珠。古希腊一些哲人的思想中孕育着管理的萌芽，主要代表人物有苏格拉底、色诺芬、柏拉图和亚里士多德。

苏格拉底（公元前469—公元前399）是古希腊著名哲学家，被称为“西方哲学之父”。苏格拉底认为管理具有普遍性，管理私人事务和管理公共事务在道理上是相通的，只是存在量上的差别。苏格拉底还认识到分工的重要性，认为应该让专业的人做专业的事，让懂管理的人去做管理工作。

色诺芬（约公元前430—公元前355或公元前354）的《家庭管理》是古希腊流传下来的第一部经济学著作，在该书中，他提出检验管理水平的高低要看财富是否增加。同时，他还认识到管理的关键是管理好人，认为分工很重要，可以提升组织效率。

柏拉图（公元前427—公元前347）是苏格拉底的学生，是古希腊著名的唯心主义哲学家，其代表作是《理想国》。他对人的多样性和劳动分工进行了分析，认为劳动分工可以使生产力最大化。

亚里士多德（公元前384—公元前322）在其著作《政治学》中提供了大量关于组织与管理的描述，包括劳动分工、部门设置、权责分配、协作及领导力发展等，为文艺复兴和近代科学的兴起奠定了基础，也是后续科学管理思想的理论基础。

古希腊播下了民主的种子，并进行了自由的初步尝试。在那里出现了分权的参与性政府，并实践了劳动分工、部门化、授权和领导等管理原则，还形成了解决问题的科学方法，这为后续宗教改革、科学发现、科学管理理论的形成奠定了基础。

◆古罗马的管理思想

罗马人征服了腐朽堕落的古希腊，建立了横跨欧、亚、非的统一大帝国。

罗马人建立了一套工厂体制，用来制造军队所需的武器，同时用工厂体制来生产瓷器和纺织品。

第一个股份制公司出现在罗马，以履行供应战争物资的政府合同。

罗马军队也遵循10人管理幅度的原则。

罗马的法律成为人类各种文明学习的典范，罗马的立法权与行政权相分离的政府组织模式为后来的立宪政府的制约与平衡树立了标杆。

现在，回到我们中国，看看我们的先人在那个时代都有哪些创举。那个时代，中国大致经历了夏、商、西周、东周（春秋、战国）、秦、西汉、东汉、魏、晋等朝代，于战国时期进入封建社会，大致领先了欧洲1000年，并且形成了以诸子百家为代表的灿烂辉煌的思想和文化。

◆《周易》中的管理思想

《周易》是我国最古老的占卜术著作，被列为六经之首，对诸子百家思想的形成产生了深远的影响，在中国思想史上具有崇高的地位。现存的《周易》分为《易经》和《易传》两个部分。《易经》大致形成于周朝初年，是一本卜筮占卦之书；《易传》是对《易经》的注解和说明，类似于操作手册和实施细则。《周易》蕴含着丰富的管理思想，历朝历代的管理者都从其太极、阴阳、五行等内容中获得启发。

《周易》认为易有三道，即天道、地道、人道，在由天、地、人组成的系统中，天和地只有通过人道才能实现其价值。《周易》重视道德修养，“地势坤，君子以厚德载物”，意思是说君子要像大地一样，增厚美德、容载万物，这是君子为人处世的要求，也是中国士人的人格典范。

《周易》认为世界是由阴阳两极组成的系统，阳代表刚健，阴代表柔顺，万物的生长源自阴阳两种力量的对立统一，这就是太极的概念。在此基础上，《周易》强调通过“中”实现“和”，追求和谐发展。中，意味着恰到好处，不偏不倚，不走极端，做事情要有分寸感；和，意味着和谐，包含人与自然的和谐，人与人的和谐。

“天行健，君子以自强不息”，说明在变化的世界中要积极进取，寻求发展。而且，《周易》中也阐述了居安思危的思想。当今企业既重视完成KPI考核指标，又要做好风险管理，和《周易》中的思想十分吻合。

变易，表示自然界和人类社会是不断发展的，做事情要与时俱进，学会变通；简易，就是要学会化繁就简，透过现象看本质，不要沉迷纠缠于细节之中；不易，就是在事物的变化中找到不变的客观规律，按照规律办事。其实，写这本书的目的，就是要对管理理论进行系统梳理，把管理的脉络展示给读者，帮助读者掌握管理的底层逻辑和客观规律，认识管理的本质。

◆管仲的管理思想

管仲（约公元前723—公元前645）是春秋时期著名的经济学家、哲学家、政治家、军事家，春秋时期法家思想代表人物。在40年齐国丞相的职业生涯中，管仲进行了一系列卓有成效的改革，实现了富国强兵，帮助齐桓公成为春秋五霸中的第一位霸主。

管仲充分认识到民众在国家中的地位和作用，认为只有获得人民的拥护和支持，政权才会稳固，人民就是江山。管仲认为，以民为本就要藏富于民，减轻赋税，让人民富裕起来。管仲还认为，国家应尽量少干预经济，多采取“无为”的态度，放手让人民去从事经济活动，让市场在资源配置中起决定性的作用。

管仲认为，社会与个人有相似的机理，支配人的是“心”，而支配社会的是“道”。“道”就在我们身边，只有本着一颗公心，戒除私欲，才能把握住道。管仲“心术论”的核心思想是“以天地为心，以法治国，以德治人”。

管仲的管理思想中还充分体现了“废分封，行郡县”的管理思想，并强调通过选拔德、才、能兼备的人才来做管理者。这种思想是一种帝国集权的思想，强调控制，和当下流行的“平台化组织”“阿米巴经营”思想是不兼容的。当然，这是工程行业中“自营”的思想，而不是目前普遍存在的“挂靠”模式。

◆儒家的管理思想

儒家文化为中华民族传统文化的主流，在管理思想上推崇柔性管理，而仁政、德治构成了儒家管理思想的核心。儒家文化由孔子（公元前551—公元前479年）开创，经过孟子、荀子等进一步发展，形成了一个系统完整的思想体系。直到汉朝，经过董仲舒的进一步发展，儒家学术获得了统治者的认可，从而有了汉武帝的“罢黜百家，独尊儒术”，从此儒家思想成为2000多年封建王朝治理国家的工具。宋朝时期，朱熹又对儒学做了进一步完善，建立了理学体系。

仁政。“仁”是儒家学术的核心，是孔子道德哲学的最高境界，提出通过仁爱化解管理者和被管理者的矛盾，建立和谐的官民关系。管理者需要通过“爱人”成为“仁人”，从而形成对人类的爱，最终实现“修齐治平”的人生价值目标。

德治。儒家推崇以德治国，认为德治是治理国家的最高境界，通过德治可以得民心，从根本上把国家治理好，实现和谐。

礼制。孔子认为，“仁”是内在的道德意识，“礼”是仁德的外在表现。而仅仅依靠教育来提升道德意识是不行的，必须与外在的制度结合起来才能发挥管理作用，这种制度化的管理就是“礼治”。“礼”的本质是“和”，即“和为贵”。

和谐。儒家强调“和谐”在管理中的重要性，希望通过建立人与人、人与自然之间的和谐关系，得到人民的拥护，最终实现管理目标。

中庸。中庸是儒家管理思想的精华，是指把握做事的度，恰如其分，恰到好处，并整合做事的原则性和灵活性，从而实现和谐的目标。

但是，儒家思想更多地探讨如何治理国家和社会，对如何提高生产力发展经济方面的论述相对较少，容易形成“官本位”的管理思想，并可能会因为追求和谐而太讲究人际关系，反而影响组织执行力。

◆法家的管理思想

法家思想产生于战国前期，到秦始皇统一六国时达到顶峰，后来随着秦朝灭亡，以及汉武帝“罢黜百家，独尊儒术”，法家思想影响力逐渐下降。法家思想是由受过儒家思想影响的官员在实践儒家思想的过程中形成的，因为教育功效太慢，于是转而寻求强力推动社会变革，维持社会秩序，从而产生了法家思想。《韩非子》一书的完成标志着法家思想的建立。以商鞅为代表的法家思想帮助秦孝公实现富国强兵的目标，而以韩非、李斯为代表的法家思想帮助秦始皇统一了天下，形成中央集权的封建帝国。

君权专制。法家思想推崇君权专制，建立大一统的以国君为核心的集权制国家。

依法治国。法家推崇用法治来约束人们的行为，在法律面前人人平等。

赏罚分明。法家提倡“胡萝卜加大棒”的管理思想，推行在事实基础上的赏罚分明的管理方式，赏罚结合、以罚为主。

驭臣之术。法家提倡利用权术和手段来对官员进行管理、控制，包括考核、任免、监督和赏罚。

功利手段。法家不认可儒家片面地运用道德说教的方式来进行管理，而是主张功利的价值观，用相对实际的赏罚手段来追求短期、快速的改善。

强制手段。法家认为，需要通过强大的国家机器保证法律的顺利实施，以暴力作为治国理政的坚强后盾。

◆道家的管理思想

道家思想是中国传统文化的重要组成部分，在一些朝代也是作为官方思想来指导治国理政，而且都促使经济和社会获得了长足的发展。

道家思想是和儒家思想并行发展起来的，其思想的渊源可以追溯到黄帝和《周易》。道家学说通常认为是由老子创立，并被庄子发扬光大的。

道家是以老子的“道”为核心的学说流派，用“道”来说明宇宙万物的本质、结构和演变规律。在管理上，道家提倡无为而治、无为而无不为，追求自然无为、以柔弱胜刚强，是中国古代管理思想宝库中的明珠。

◆《孙子兵法》中的管理思想

孙武为春秋末年齐国人，人称“兵圣”，中国古代著名军事家。孙武因战乱而避祸至吴国，受吴国国君重用，帮助吴国富国强兵，打败了楚国。

孙武所著《孙子兵法》一书，是军事理论著作中的经典，不仅对中国历朝历代的军事理论和实践产生了重大影响，而且在世界范围内获得了广泛赞誉。此外，《孙子兵法》一书还超出了军事领域，成为战略管理的经典教材，不仅对世界军事领域产生重大影响，而且在政治、经济和企业管理领域具有重要的指导意义。

我国在这一时期的管理思想还有很多，比如，墨家、纵横家、阴阳家、商家、《吕氏春秋》中的管理思想，还有汉、魏、晋等朝代的管理思想，在此就不一一赘述了。在这一时期，相互独立发展的东西方管理思想都取得了无比辉煌灿烂的成果，为各自后续文明的发展奠定了基础，可以用“齐头并进”来形容这一时期国内和国外管理思想的发展状况。

6.2 中世纪管理思想

从公元476年西罗马帝国灭亡到文艺复兴时期大约1000年的时间被称为欧洲的中世纪，这是欧洲的封建社会阶段。封建制度将人们绑定在土地上，建立了一个拥有土地的贵族政治时代，教育陷入停顿，宗教思想束缚着人们，抑制了人类的进步，所以这个时代又被称为“黑暗时代”。这个阶段，以欧洲为代表的西方管理思想发展缓慢。

◆复式记账法

意大利的贸易商和银行家早在13世纪末就开始使用复式簿记的基本原理，直到1494年，天主教会的修士卢卡·帕乔利在其《算术、几何、比与比例概要》一书中才第一次介绍了这种方法。同时，他还指出了内部管理控制的重要性。

◆《乌托邦》的管理思想

在《乌托邦》中，托马斯·莫尔（1478—1535）把当时英国经济上的弊病归因于贵族统治阶级的管理不善，并提出劳动专业化和最大限度利用人力资源的思想，而官员必须通过选举的方式产生，这本书对管理思想研究具有重要意义。

◆马基雅弗利的管理思想

马基雅弗利是意大利文艺复兴时期著名的政治思想家，其代表作有《君主论》《战争的艺术》等。他在管理思想方面做出了巨大贡献。第一，性恶论。他认为人性本恶，只有采取强制手段对人进行管理才能实现目标。第二，四项领导原理。领导者必须得到群众的认可和拥护，领导者必须能够凝聚人心，领导者必须具备坚强的意志，领导者必须具有卓越的品行和能力。马基雅弗利的管理原理阐述了君主如何治理国家，其思想同样适用于企业管理，对管理思想的发展产生了深远影响。

现在，让我们再次回到中国，看看这个时期中国管理思想的发展。在这个时期，中国大致经历了南北朝、隋、唐、五代十国、宋、辽、金、元、明等朝代，其中特别是唐、宋和明三个朝代，都是经济、文化、社会得到长足发展的时代。

在这一时期，中国的封建社会管理思想已经非常成熟，隋文帝、隋炀帝、唐太宗、武则天、司马光、叶适、朱元璋等都形成了自己的管理思想，因为篇幅限制就不详细说明了。

但必须指明的是，在这个时代，中国政治、经济、社会的发展是领跑欧洲的，在管理思想发展方面也是领先的，可以用“独领风骚”来概括。

6.3 工业革命早期的管理思想

一切过往，皆为序章！

我们这本书的内容是论述企业管理，当工业化时代来临时，企业管理也就开始起步了。500 年前，中世纪结束了，欧洲沉睡了千年终于醒了。又经过 250 年的酝酿，工业革命首先在英国爆发了，人类开始进入工业化时代。而中国却在人类社会发展最关键的转折时期打了个盹儿，见证奇迹的时刻我们却闭关自守，所以我们落后了，挨打了，现在要努力进行伟大复兴。当工业化时代来临时，工商业得到蓬勃发展，同时也推动了企业管理思想的萌芽和发展，而人类过去在政治、社会、经济领域的管理思想和实践是企业管理思想的基础。

工业革命是一场经济革命，其产生的基础是思想革命和科学革命。

文艺复兴。文艺复兴起源于意大利，随后逐步扩展到欧洲其他国家，成为近代欧洲历史的开端，是中古时代和近代的分界。文艺复兴是发生在 14 世纪到 16 世纪的一场反映新兴资产阶级要求的欧洲思想文化运动。人们认为，文艺在希腊、罗马古典时代曾高度繁荣，在中世纪“黑暗时代”却衰败了，直到 14 世纪后才获得“复兴”，因此称为“文艺复兴”。文艺复兴产生的根本原因是随着生产力的发展，新兴的资产阶级不满教会对精神世界的控制。文艺复兴的核心是人文主义精神，提出以人为中心而不是以神为中心，肯定人的价值和尊严，主张人生的目的是追求现实生活中的幸福，倡导个性解放，反对愚昧迷信的神学思想，认为人是现实生活的创造者和主人。文艺复兴为后续的宗教改革、哲学兴起、科学发现、资产阶级革命奠定了基础。

宗教改革。始于16世纪欧洲基督教自上而下的宗教改革运动，奠定了新教基础，同时瓦解了天主教会所主导的政教合一体系，打破了天主教的精神束缚。宗教改革对教会生活进行了必要的净化，对教义给予了必要的澄清，宗教信仰变得更加个人化，为西欧资本主义的发展奠定了基础。

启蒙运动。启蒙运动是17—18世纪发生在欧洲的一场资产阶级和人民大众的反封建、反教会的思想文化运动，是继文艺复兴后的又一次伟大的思想解放运动。启蒙运动最初产生于英国，而后发展到法国、德国与俄国等欧洲国家。法国是启蒙运动的中心，法国的启蒙运动与其他国家相比，声势最大、战斗性最强、影响最深远，是西欧各国启蒙运动的典范。这次运动的核心思想是“理性崇拜”，用理性之光驱散愚昧的黑暗。启蒙运动批判了封建专制主义、宗教愚昧及特权主义，宣传了自由、民主和平等的思想，为欧洲资产阶级革命做好思想理论准备和舆论宣传。启蒙运动中的思想巨人包括伏尔泰、卢梭、孟德斯鸠、狄德罗、康德、霍布斯、洛克、斯宾诺莎等，我们在这里没有篇幅来详细介绍他们的思想，感兴趣的读者可以进一步深化学习，这些思想为企业发展、经济发展提供了有力支持。

科学革命。科学革命是指16—17世纪欧洲在物理学、天文学、生物学、医学、化学等领域的思想都经历了根本性的变化，标志着现代科学的诞生，不仅是在各个独立的学科内，更是在对整个宇宙的认知中。科学革命是人类对客观世界认识的质的飞跃，必然会对人类社会实践产生巨大影响。一方面，在新的科学理论的基础上，产生了新的技术、生产工具和工艺，从而促进社会生产力得到革命性的发展；另一方面，科学革命所孕育的新思想、科学思维方式和科学精神深刻地影响着人类的精神生活，科学革命常常是社会革命的先驱。

这些科学革命和思想革命不仅推动了资产阶级政治革命的胜利，还促进了资本主义生产力的大发展，从而为工业化的实现奠定了基础。那么，工业革命为什么发生在英国？为什么工业革命没有发生在中国？这是非常值得思考和研究的问题，这个问题的答案不仅具有历史意义，还具有现实意义和未来意义。

1492 年，哥伦布发现了新大陆，开辟了人类的航海时代。16 世纪是西班牙和葡萄牙的鼎盛时期，然而在 1588 年的英西海战中西班牙无敌舰队被英国海军打败了，标志着英国海上力量的崛起，而西班牙则逐渐衰落。17 世纪是荷兰的黄金时代，而英国通过三次英荷战争彻底击败了荷兰，耗尽了荷兰的贸易和海军实力，成为海上新霸主。

英国在全球有了大量的殖民地，掠夺的大量资源需要转化成商品来销售，从而就有了改进生产效率的需求。丰富的煤炭资源使动力革命成为可能。圈地运动产生的大量失地农民为工业生产提供了充足的劳动力。

另外，1688 年，英国发生了“光荣革命”，建立了君主立宪制的政体，促进了资本主义生产力的发展；大科学家牛顿也发布了一系列科研成果。1776 年，亚当·斯密发表了《国富论》，建立了资本主义自由经济的理论基础，标志着古典政治经济学理论体系的建立，堪称西方经济学界的“圣经”，经济学界的《独立宣言》。

于是，在这个历史时点上瓦特成为幸运儿，他改进了前人早就发明的蒸汽机，敲开了工业化时代的大门。因此，瓦特成为功率的单位。

那么，为什么不是中国？有人说，中国自古就是一个农业国，经济和文化都是建立在农业基础之上；有人说，是源于希腊哲学和中国哲学的差异，西方文化强调科学、理性，而中国文化更多是从人出发；有人说，那个时代的封建集权和保守的社会文化环境不利于工业革命的兴起；也有人说，中国有丰富的劳动力，人工成本比较低，缺乏机械化的动力。总之，中国那个时代的发展还是在重复昨天的故事，像一条正弦曲线一样，朝代建立时在波峰，朝代衰败时在波谷，自信地走在正弦曲线的延长线上，陶醉在康乾盛世的余晖中，等待着彭老总说的海上那几门大炮来叫醒我们。问题是陶醉的时间太久了，跨越明、清两个朝代，达到近3.5个世纪，等醒来时已经来不及了，三座大山压得我们难以呼吸。

工业革命的快速进展大概起始于1750年。在此之前，商品的生产方式基本上是家庭作坊式的，技术含量比较低，没有大型的机械设备，也谈不上企业管理。第一次工业革命本质上是机械力对人、畜、风、水等自然力的替代，因此生产组织方式就从家庭手工作坊转换到工厂制。工厂制的推行也是很不容易的。一方面，工人比较抵制到工厂去上班，习惯于在家庭里面劳动，而且工作纪律非常差，甚至会故意捣毁机器，给工厂管理带来了严峻挑战；另一方面，缺乏有经验的管理人员。这时候，欧洲和美国都已经有了一些工厂管理的实践，产生了一些管理思想，不过是属于初期的管理思想，还不是很系统，下面对早期工厂中的管理先驱做一简要介绍。

◆罗伯特·欧文

罗伯特·欧文（1771—1858）是英国伟大的空想社会主义者，同时为管理思想的发展做出了重要的贡献。他的贡献主要在新拉纳克工厂的人事管理方面，被西方管理学界称为“人事管理之父”。欧文非常重视工业生产中人的因素，认为应该尽力改善员工的工作和生活条件。例如，限制对童工的使用，为员工子女创办学校，控制员工的工作时间，保障员工的劳动收入，为工人提供住宿，为工人设置商店、食堂、医院等，还尝试建立员工的申诉机制。他还注重企业与周边社区的和谐互动，营造企业发展的良好外部环境。欧文提倡用教育和引导来管理员工，反对用惩罚或强制的手段控制员工。欧文的管理理念播下了关于工业中人的因素的第一粒种子，为后续人际关系学术和行为科学思想奠定了基础。

欧文后来还到美国购买了一块土地，去尝试他的社会改革，希望为成员提供幸福。但在实践过程中，各种问题沉重地打击了他的社会理想，最终他选择了放弃。

◆查尔斯·巴比奇

查尔斯·巴比奇（1791—1871）是英国著名的发明家，科学管理的先驱者。他于1822年设计出第一台计算机，还用计算机统计工人的工作量。巴比奇认同亚当·斯密的分工学说，认为分工可以减少学习时间、提高工人技能、节约工序转换时间，从而大大提高了生产效率；他甚至提出脑力劳动和体力劳动也可以分工。同时，他提出如何建立员工的薪酬体系，通过设计合适的薪酬结构调动员工的工作积极性。此外，他还提出利用科学分析的方法改进生产组织方式。他的这些思考与后来的泰勒都非常类似，以至于究竟谁才是科学管理之父都成了一个问题，所以他是那个时代对企业管理思想做出最大贡献的天才。

◆安德鲁·尤尔

安德鲁·尤尔（1778—1857）是管理教育领域的先驱，他在格拉斯哥安德森学院期间培养了大量管理人才，他的学生作为管理者或领导者遍布全英国。另外，尤尔成为连接英国和法国管理思想的桥梁，他的思想影响了法国的杜宾。

尤尔提出了制造的原则，认为每个工厂都存在三种有机系统：机械系统、道德系统和商业系统。机械系统是指生产技术和生产过程，道德系统是指人员，而商业系统是指买卖和资金管理。

另外，在工厂体制刚刚兴起并受到大量批评的时候，他竭力为工厂体制进行辩护，通过研究分析论证了工厂中工人收入的改善和职业健康保障的重要性。

◆巴龙·查尔斯·杜宾

巴龙·查尔斯·杜宾（1784—1873）在巴黎的艺术与职业学院从事工业教育工作，是工业教育领域的第二位先驱。杜宾的同事——法国新古典经济学创始人让·巴蒂斯特·萨伊（1767—1832）将亚当·斯密的思想引进法国，并把管理看作除土地、劳动、资本之外的第四个生产要素，进一步丰富了斯密的思想。斯密和尤尔的思想都影响了杜宾，而杜宾又影响了同是法国人的管理思想巨人亨利·法约尔。

前面介绍了四位来自欧洲的工厂管理先驱的贡献，下面让我们把目光聚焦到美国。19 世纪末期，美国经济总量已经超越英国成为世界第一经济强国，让我们来看看美国在工业革命初期都有哪些管理创新。

◆塞缪尔·斯特拉的“罗得岛体制”

塞缪尔·斯特拉（1768—1835）是英国纺织机械的大咖，通过移民文件造假才得以跑到美国。他与合伙人在罗得岛建立了美国第一家技术先进的纺织厂。他们只在工厂里进行纺纱，而把织布工作分发到家庭完成，他们则进行监督。这就是闻名的“罗得岛体制”。

◆弗朗西斯·卡伯特·洛厄尔的“沃尔瑟姆体制”

洛厄尔参观了英国，学会了水力驱动织布机的工作原理，回国后仿制了这种织布机，并在马萨诸塞州的沃尔瑟姆成立了波士顿制造公司，他把纺纱和织布进行一体化生产，全部在工厂内完成，这就是所谓的“沃尔瑟姆体制”。

◆罗斯韦尔·李上校的“春田兵工厂体制”

春田兵工厂是马萨诸塞州的一个武器制造基地，李上校于1815年主持工厂工作后对兵工厂进行了管理变革。他对兵工厂进行了组织变革，制定清晰的组织结构，并推行更科学的劳动分工；改善金属加工方法，提高加工精度，实现机械部件的可替换性；还发展了在工资支付、时间和材料成本控制等方面使用的会计技术。

◆麦卡伦制度

丹尼尔·克雷格·麦卡伦（1815—1878）是苏格兰人，于1822年来到美国，从事过几年的建筑业工作，后来加入了美国的纽约-伊利铁路公司。1854年，他被任命为该公司的总管，设计并运行了一套程序来管理该公司，即麦卡伦制度。

在麦卡伦制度里，体现了职责明确、权责匹配、纪律严明、基于信息的控制、基于价值的薪酬和晋升等思想。他还绘制了一张树状的组织结构图。

基于该制度，后来铁路行业其他的管理者还建立了成本会计制度、审计和会计相分离的制度、外部审计制度等管理方法。

宾夕法尼亚铁路公司也推行了麦卡伦管理方法，形成了系统管理的思想，而钢铁大王安德鲁·卡内基就是在这里学习了麦卡伦管理方法。

◆亨利·瓦农·普尔

亨利·瓦农·普尔（1812—1905）是《美国铁路杂志》的编辑，他对纽约－伊利铁路公司的管理实践进行了长期的跟踪研究，非常推崇麦卡伦的管理制度。他的一生见证了美国铁路从初创到成熟的发展历程，见证了铁路给美国带来的巨大影响。

普尔总结了麦卡伦制度的管理实践，得出了三个基本原则：组织、沟通和信息。组织是管理的基础，劳动分工是组织的基础；沟通是组织连续运营的基础；而信息是沟通的记录，是管理留痕的要求。

普尔认为，分工和科层制的管理体系是管理大型铁路公司不得已的选择，为了规避科层制组织的不足，他提倡通过团队精神缓解问题。

普尔还尝试去界定政府和企业的关系，认为政府的职能是保护而不是控制。

上面介绍的欧洲和美国的管理先行者及其管理思想处于工业革命早期阶段，其思想的体系性还不够完善。随着交通运输（主要是铁路）和通信技术的不断发展，美国形成了全国统一大市场，大企业不断涌现，终于迎来了企业管理思想的黄金时代——科学管理时代。

6.4 古典管理理论

随着工业革命的持续推进，社会生产力得到大力发展，市场经济体系趋于成熟，而企业管理思想也走向系统化，管理学作为一门学科诞生了。下面主要介绍三位对管理学发展做出重大贡献的杰出人物及其管理思想。

6.4.1 弗雷德里克·温斯洛·泰勒

弗雷德里克·温斯洛·泰勒（1856—1915）出生于美国一个富有的律师家庭。家里希望他能够子承父业，于是他进入哈佛大学攻读法律专业，后来因为眼疾中途休学。康复后，他觉得自己的兴趣不在法律，就进入一个小机械厂从学徒工做起。学徒期满后，泰勒进入米德维尔钢铁厂担任技术工人，通过6年的刻苦努力，晋升为总工程师。

泰勒通过三项实验探索生产效率提升方法，并由此建立了科学管理理论体系。

通过搬运铁块实验，泰勒得到结论：①按科学的方法干活；②精心挑选工人；③对工人进行培训，在工作中给予帮助，使其具备完成工作的能力；④通过利益激励工人努力工作。

通过铁砂和煤块铲掘实验，泰勒得到结论：①计划和执行相分离；②标准化管理；③挖掘员工的潜力是提高效率的有效手段。

通过金属切削实验，泰勒得到结论：①确定切削材料及切削速度的工作标准；②发明一种高速钢，可以减少切削时间；③通过使用计算尺，可以在最短时间内计算出最佳的切削速度，使机器运行达到最优标准。

泰勒的科学管理原理主要包括以下要点：①确定劳动定额，制定工作标准，提高劳动生产率；②挑选第一流的工人从事生产；③实行标准化的作业方法；④具有高激励性的差别计件工资制；⑤计划职能和执行职能相分离；⑥实行职能工长制；⑦管理中实行例外原则；⑧实现科学管理应在管理者和工人之间开展一场“心理革命”。

泰勒于 1911 年出版了他的代表作《科学管理原理》，开创了管理思想史上的科学管理时代，被称为“科学管理之父”。后来，巴斯、甘特、加尔布雷斯夫妇、埃默森、库克等继承并发展了科学管理思想。

科学管理原理也为现代的运筹学、工业工程、精益生产等奠定了理论基础。

6.4.2　亨利·法约尔

亨利·法约尔的故事在第 2 章已经做了详细的介绍，这里再做个简单的说明。

法约尔是法国著名的管理学家，大学毕业后在一家矿业公司开启了他的职业生涯，从工人做到总经理。法约尔担任总经理后，对公司进行了整顿，把一个濒临破产的公司带上可持续稳健发展的康庄大道。法约尔的管理思想主要包括以下几点。

◆区分经营和管理。法约尔认为，“经营”与“管理”是两个不同的概念，管理包含在经营中，认为企业的全部活动分为6种，即技术活动、商业活动、财务活动、安全活动、会计活动、管理活动，而管理活动只是其中的一种。

◆管理五要素。管理包括计划、组织、指挥、协调和控制五项职能。

◆管理十四项基本原则。管理十四项基本原则包括劳动分工、权力与责任、纪律、统一指挥、统一领导、个人利益服从集体利益、人员的报酬、集中、等级制度、秩序、公平、人员的稳定、首创精神、团结精神等。

◆重视管理教育。法约尔最早强调了管理教育的重要性和必要性。法约尔认为，由于大公司和其他组织不断发展，领导者必须接受管理方面的训练，而不是在技术教育、商业教育方面墨守成规，也不是只按自己的想法、原则与经验行事。他大力提倡在大学和专科学校中开设管理课程，传授管理知识，通过管理教育获取和提升管理能力。

法约尔于1916年发表了其代表作《工业管理与一般管理》，对其管理思想进行系统的总结。法约尔是古典管理理论的三位主要代表人之一，是管理过程学派的创始人，被后人尊称为“管理理论之父”。

6.4.3 马克斯·韦伯

马克斯·韦伯（1864—1920）是继卡尔·马克思后最有影响力的德国社会科学家，是现代社会学的奠基人；他也是德国著名的经济学家，号称“德国的亚当·斯密”；同时，他还是一位管理学家，是古典管理理论的三位代表人物之一，被称为“组织理论之父”。

韦伯在学术方面有很多成就，在社会学、经济学、政治学、法学、哲学、历史学和宗教等方面都有深入研究。他的代表作有《新教伦理与资本主义精神》《社会组织和经济组织理论》《一般经济史》《社会学基本概念》《社会科学方法论文集》《社会科学方法论》等。如果不是天妒英才，再给韦伯20年时间，这个作品清单还要长许多。

韦伯的管理思想主要体现在1921年发表的《社会组织和经济组织理论》一书中，主要包括以下三个方面。

◆理想的行政组织。韦伯认为，理想的行政组织应该通过职位来管理，而非通过个人或世袭的地位来管理，这种理想的行政组织即科层制组织。韦伯认为，理想的科层制组织要发挥作用必须具备四个条件：①为达成目标而必须执行的活动是按照职责来分配的；②履行职责所需的权力是按照稳定的方式授予的；③行使权力和履行职责的方式由法律确定，权责匹配；④人岗匹配，任用有能力的人。

◆权力的分类。韦伯认为，存在三种能被公众接受的合法权力：①传统型权力，来自传统或执行权力的人的正统地位，如族长制和世袭制；②魅力型权力，来自追随者对英雄人物所具有的超凡魅力的信仰和忠诚；③法理型权力，是指建立在正式法规的基础上，而非传统或崇拜的基础上。韦伯认为，只有法理型权力才是现代组织的权力基础，才能匹配科层制组织，具有最高的效率。

◆理想的科层制组织的特点：①明确的组织目标；②明确的职能分工；③层级制的权力链条；④专业的培训体系；⑤合理的人事和激励制度；⑥组织管理的非人格化；⑦按照规章制度履职，依法治企；⑧书面沟通。

古典管理理论首次用科学、系统的方法来研究管理问题，建立了管理学科体系，为管理理论的发展奠定了基础。从某种程度上说，法约尔的一般管理理论，整合了泰勒的科学管理和韦伯的科层制组织理论，为后续管理理论的发展建立了整体框架，后面一系列管理理论的发展都是在这个框架内进行的。

然而，也许是受历史局限性或哲学基础的影响，古典管理理论对人性的研究主要停留在“经济人”层面，还需要下一个阶段的行为科学理论来进行补充完善。

6.5 行为科学理论

管理，既是一门科学，也是一门艺术。

上述古典管理阶段的科学管理思想，主要是在强调科学、理性的希腊哲学基础上建立起来的，强调管理的科学合理性；然而，科学的管理体系需要人去执行，这就涉及管理的艺术性，即如何通过提高领导艺术调动员工的工作积极性。

法约尔认为人的问题很重要，管理问题一半以上都是人的问题，因此特别强调沟通的价值。谈到管理的艺术性，这本身就是东方哲学思想的用武之地，可惜我们那时没有诞生企业管理思想的经济基础，仍处于水深火热之中。于是，现实教育了西方管理理论和实践界，让他们认识到行为科学的重要性，领悟到东方哲学思想的智慧，并最终由一位日裔美国人对东西方管理思想进行了整合分析。

行为科学理论产生于一战后的 20 世纪 20 年代，那个年代社会生产力已经得到充分发展，企业家通过运用科学管理原理大大提高了劳动生产率，但工人还生活在水深火热之中。因为经济危机，更加重了资本家对工人的剥削，工人生活水平进一步降低，生活上看不到希望，精神上感到迷茫，对资本家的反抗情绪也不断高涨，而原有的基于“经济人假设”的经济和管理理论无法解决管理实践中遇到的这些问题。这就促使了新的管理思想的诞生，即行为科学理论。

6.5.1 人际关系学说的建立

◆梅奥与霍桑实验

霍桑实验是1924—1932年在美国通用电气的供应商西方电器公司的霍桑工厂进行的，主要目的是研究如何提高工人的劳动生产率，前后分四个阶段，共计8年时间。

乔治·埃尔顿·梅奥（1880—1949）是澳大利亚裔美国人，就职于哈佛大学管理学院，他于中途参与了霍桑实验，并对实验结果进行了解释说明，建立了人际关系学说。

◆人际关系学说

人际关系学说大致阐述了以下三个方面的内容：

（1）人不仅是“经济人”，而且是“社会人”。传统经济学和科学管理理论都把人当成“经济人”进行管理，调动工作积极性主要靠“胡萝卜加大棒”，简单粗暴；而梅奥通过实验结果认识到，人不仅有物质需要，还有一些心理和社会方面的需要，人需要关心、理解、尊重、友情、归属感，即人是“社会人”。

（2）非正式组织。非正式组织是相对于韦伯的科层制正式组织而言的，其实就是我们通常讲的“小团体”，他们的目的也是满足员工的一些社会需求。作为管理者，要充分认识到非正式组织的客观存在，并善于引导和利用，使之为实现组织目标服务。

（3）领导能力在于提高员工满意度。梅奥认识到，员工满意度高，精神士气就旺盛，从而劳动生产率就得到提高，员工满意度和劳动生产率呈正相关关系。

在梅奥人际关系学说的基础上，许多管理学家和心理学家都认识到人是管理永恒的主题，开始重视对工业中人的研究，从而产生了行为科学理论。

6.5.2 行为科学理论

二战以后，随着管理学的不断发展，许多社会学家、人类学家、心理学家、管理学家都致力于从事行为科学研究，建立了很多新理论。行为科学中与企业管理相关的内容通常被称为“组织行为学”，现在已经成为工商管理专业的必修课。

这些研究成果大致可以分为四个方面：①人性假设理论，是激励理论的前提和基础；②激励理论，研究如何调动员工工作积极性；③群体行为理论，以群体为研究对象，研究如何提高群体动力；④领导行为理论，主要研究如何提升领导力。理论体系非常复杂和庞大，下面我们选取一些有代表性的观点做简单介绍。

◆马斯洛需求层次理论和奥尔德弗的 ERG 理论

亚伯拉罕·马斯洛（1908—1970）是美国社会心理学家和行为科学家，他在 1943 年出版的《人类动机理论》一书中提出了需求层次理论。该理论基于三个假设前提：①人的需求按照重要性不同从低到高排列；②人在低层次需求得到满足后，才会追求更高层次的需求；③只有未满足的需求才有激励作用。

马斯洛需求层次理论把人的需求归纳为五个层次：

（1）生理需求，包括吃、穿、住等人类的基本生存需求。

（2）安全需求，包括人身安全、资产安全与职业保障等物质和心理方面的安全。

（3）社交需求，指友爱和群体的归属感。

（4）尊重需求，指受到别人的尊重。

（5）自我实现需求，指通过努力实现人生目标，赋予生命以意义。

马斯洛的需求层次理论获得了广泛的赞同和认可。而克莱顿·奥尔德弗经过研究，对马斯洛需求层次理论进行了优化，他提出了自己的三层次理论，包括生存（Existence）、关系（Relatedness）、发展（Growth），即ERG 理论。

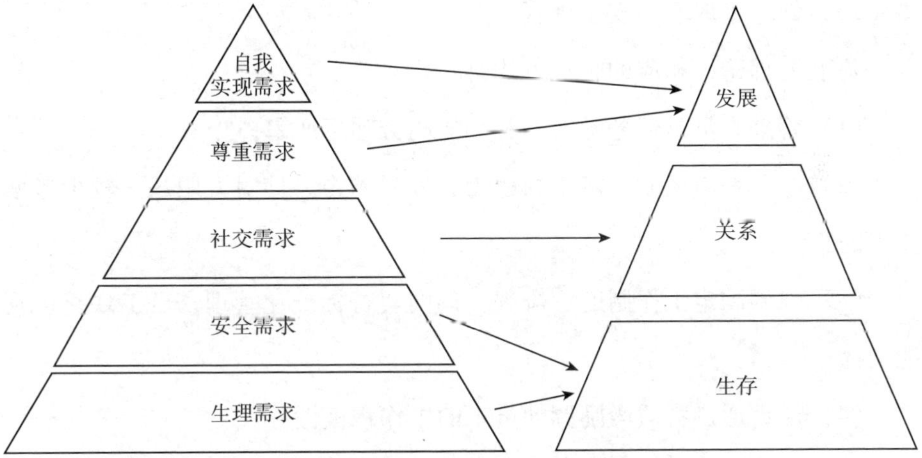

图 6.1　需求层次理论和 ERG 理论的对应关系

◆道格拉斯·麦格雷戈的 XY 理论

道格拉斯·麦格雷戈（1906—1964）是美国著名的行为学家和管理教育家，他于 1957 年在美国《管理评论》杂志上发表了《企业的人性面》

一文，提出了著名的XY理论。他指出，管理的根本问题在于管理者对人性的认识，在于如何看待人，这是一切管理方法的基础。不同的人性假设，决定了管理者采用不同的管理策略与方法，最终导致不同的员工行为和管理效果。

1. X理论

麦格雷戈把传统基于经济人假设的管理理论称为“X理论”，这个理论也就是基于我们中国传统“人性本恶”的假设建立的。其主要内容是：

（1）人本身好逸恶劳，有机会就会逃避劳动；

（2）不求上进，不愿负责；

（3）以个人为中心，忽视集体利益；

（4）偏重保守和安全，反对创新和改革；

（5）缺乏进取心，安于现状。

基于X理论，相应的管理方式是：

（1）管理人员是任务导向，关心提高劳动生产率；

（2）主要是应用制度赋予的权力，发号施令，使对方服从，较少考虑员工的感受；

（3）强调制定工作制度、流程，偏向实行标准化管理，员工缺乏主观能动性；

（4）注重通过物质激励调动员工的工作积极性。

2. Y理论

随着社会生产力的不断发展，人们低层次需求基本得到满足，X理论倡导的管理方式不太符合企业发展需要，麦格雷戈又提出了Y理论，这个理论也就是基于我们中国传统“人性本善”的假设建立的。其主要内容是：

（1）绝大多数人是勤劳的，并且愿意承担责任；

（2）如果管理到位，个人在追求自身目标的时候会考虑组织的目标；

（3）一般人都具有理性，能实行自我驱动和自我控制；

（4）人普遍具有主观能动性和创造性。

基于Y理论，相应的管理方式是：

（1）管理者的职能是创造员工履职的环境和条件，协调个人目标和组织目标；

（2）对人的激励主要来自工作本身的内在激励，给员工安排合适的工作，帮助员工实现自己的价值；

（3）推行平台化思维，授予员工更大的权力和责任，让员工参与管理和决策，实行自主控制。

麦格雷戈的XY理论，对当下我国企业的各级管理者依然具有很强的现实意义，基于Y理论的管理方式依然是我们在实践中共同追求的理想模式，需要管理者认真体会，灵活运用。

◆赫茨伯格的双因素理论

弗雷德里克·赫茨伯格（1923—2000）是美国著名的心理学家和组织行为学家，长期跟踪研究工业化世界中的心理健康问题。他在1959年与同事合著的代表作《工作的激励因素》一书中提出了双因素理论。

1. 激励因素

激励因素是指与工作本身的性质和内容有关的因素，如挑战性、成就感、赞赏、提升、责任心、上进心等。这类满足员工高层次需求的因素能够使员工感到满意，这类需求得到满足可以有效调动员工的工作积极性；反之，如果这类需求未得到充分满足，员工也不会很不满意。

2. 保健因素

保健因素是指工作中的环境因素，如企业的经营方针、薪酬水平、监督方式、工作环境、工作条件、工作氛围等。这些满足员工低层次需求的因素容易造成员工的不满，即使这些因素得到改善，也只会消除员工的不满意，而不会使员工变得非常满意。

◆期望理论

维克多·弗鲁姆是美国著名的心理学家和行为科学家，美籍加拿大人，1964 年，他在《工作与激励》一书中提出了期望理论，受到了管理学界和实践界的重视。期望理论认为，人努力工作是为了实现自己的需要，有了需要就有了动机，而动机的强弱和工作的努力程度取决于目标价值和期望值的乘积。

$$M = V \times E \tag{6.1}$$

其中，M 代表激励程度，V 代表目标价值，E 代表实现目标的可能性，即概率。

这个理论说明一个道理，仅仅靠给员工画大饼是不行的，员工还要评估一下通过努力能否实现工作目标，如果实现不了，饼再大也没有意义。另外，也要提醒一点，管理者的诚信也很重要，如果目标价值大，实现概率高，但是管理者不诚信，员工工作积极性依然不会被充分调动起来，因为上级会赖账，在实践中管理者出尔反尔的情况并不少见。

◆公平理论

斯塔西·亚当斯是美国的行为科学家，他提出了一种叫公平理论的激励理论，该理论主要说明薪酬分配的公平性对员工工作积极性的影响。公平理论认为，员工工作积极性不仅取决于薪酬的绝对值，而且取决于薪酬分配的相对公平性。

员工会和同事互相进行比较，看谁的工作投入产出比更高，只有投入产出比相等，才认为是公平的。这就是薪酬分配的横向公平性。

员工还会拿自己现在和过去进行对比，只有投入产出比相等，才会觉得公平。这就是薪酬分配的纵向公平性。

◆Z 理论

威廉·大内（1943—）是美籍日裔管理学家，美国加利福尼业大学教授。在对美国和日本典型企业进行比较研究后，大内在 1980 年出版的《Z 理论——美国企业界怎样迎接日本的挑战》一书中提出了著名的 Z 理论。在该书中，大内把典型的美国企业称为“A 型”，把典型的日本企业称为“J 型”，而把少数几个兼有日本和美国企业管理特点的企业称为“Z（Zygote）型”，其主张把日本和美国企业的优势进行整合，取长补短。

这个理论的诞生背景和“麦肯锡 7s 模型”诞生的背景是一致的，都是因为 20 世纪 80 年代美国企业受到了来自日本企业的挑战，美国企业家都在研究日本企业的成功经验，以应对日本企业的竞争。

行为科学理论还有很多，因为篇幅关系就不在这里一一介绍了。随着行为科学理论的诞生和不断发展完善，终于补齐了科学管理理论的不足，管理思想得到系统性完善，形成了管理理论发展的第一个高峰。

6.6 现代管理理论的丛林

现代管理理论，是指从二战结束到20世纪80年代初这个历史阶段产生的管理理论。二战以后，人类社会发生了巨大变化，政治、经济格局进行了重新调整，英法沦为二流国家，美国成为超级大国。各国经济相继繁荣，企业规模不断扩大，跨国公司不断涌现，促进了管理理论的大发展。这些理论互相借鉴，盘根错节、百家争鸣，形成了所谓管理理论的丛林。

◆管理过程学派

管理过程学派是一个主流学派，创始人是亨利·法约尔。法约尔提出的管理五要素即管理的五项职能，形成了一个完整的过程，因此管理过程学派又叫“管理职能学派”。

管理过程学派研究的是管理的过程和职能，该学派认为管理是通过计划、组织、指挥、协调和控制等手段实现组织目标的。

管理过程学派的理论基础和研究方法比较容易理解，该学派在现代管理理论中占有相当重要的地位。

（1）亨利·法约尔。亨利·法约尔区分了“经营”和“管理”，认为经营包括技术、商业、财务、安全、会计、管理六种活动，而管理只是其中的一种。管理包括计划、组织、指挥、协调和控制五要素，这些职能构成了一个完整的管理过程。

（2）哈罗德·孔茨和西里尔·奥唐奈。哈罗德·孔茨和西里尔·奥唐奈合著了《管理学》，奠定了他们在管理过程理论中的学术地位。他们把管理的职能分为计划、组织、人事、指挥和控制五大类。

·计划，是五项职能中最首要、最基本的职能，是为了实现目标而制定的行动方案。

·组织，是指为实现组织目标而建立的一个合适的职务结构，主要内容是分工和授权。

·人事，主要是指根据组织体系配备与岗位要求相匹配的各类人员。

·指挥，主要是指推进计划的执行，产生预期的成果。

·控制，衡量和纠正组织所进行的各项活动，使其与计划相一致，确保组织目标的实现。

（3）威廉·纽曼。威廉·纽曼认为，经营管理就是对由个人组成的组织朝着共同的目标努力而进行指引、领导和控制，他将经营管理的职能划分为计划、组织、调节资源、指挥和控制。

（4）卢瑟·古利克。卢瑟·古利克曾担任哥伦比亚大学公共管理研究所所长。吉利克提出了 POSDCORB 体系，对法约尔的理论进行了补充。

·计划（Planning），简要地设计出需要完成的工作和需要使用的方法，通过完成这些工作实现企业目标。

·组织（Organizing），建立正式的机构和组织体系，对各工作部门进行安排、定义和协调，建立工作秩序。

·人事（Staffing），即现有的人事职能，包括招募和培训员工。

·指挥（Directing），做出决策，使决策具体化，并担任组织的领导者。

·协调（Coordination），将各部门的工作相互联系起来，形成有机运行的整体。

·报告（Reporting），经理人员向其负责的那些人告知工作的进展情况。

·预算（Budgeting），包括所有以财务计划、会计和控制的形式出现的与预算有关的活动。

（5）拉尔夫·C. 戴维斯。拉尔夫·C. 戴维斯在通用汽车公司接触到唐纳森·布朗和小艾尔弗雷德·P. 斯隆的管理思想，后续又学习亨利·法约尔的管理理论，通过对各种观点进行融合，提出管理包括计划、组织、控制三项有机职能。

（6）美国空军。1954 年，美国空军为了培训目的，编制了培训手册《管理过程》，这本手册描述了管理的五项职能为计划、组织、协调、指挥、控制。其中，着重强调了目标的重要性，并把目标作为一切管理活动的基础。

◆社会系统学派

社会系统学派的代表人物是美国的高级管理人员和管理学家切斯特·巴纳德，他认为组织是一个由人组成的相互协作的系统，但组织目标和员工目标可能会不一致，为了实现组织目标，员工必须自觉地进行协作，而其中最关键的是经理人员的作用。

巴纳德的协作系统包括以下三点：

（1）强调正式组织的作用。巴纳德认为社会活动是由组织完成的，而组织是由两个以上的人相互协作的系统，要把系统看成一个整体。组织系统包括协作的意愿、共同的目标、信息联系。

（2）强调经理人员的作用。巴纳德认为经理人员是组织中的关键，协作系统只有经理人员才能维持，组织目标和个人目标需要经理人员来协调。经理人员的职能包括：建立一套信息联系的系统、配置管理人员、制定组织目标、授权、决策。

（3）非正式组织的职能。非正式组织可能给组织带来积极影响，也可能给组织带来消极影响，经理人员必须善于对非正式组织进行引导，为完成组织目标服务。

社会系统学派的理论是为了说明组织如何做到内部的平衡，并适应外部的环境，以维持正常的生存和发展。

◆决策理论学派

决策理论学派是在借鉴行为科学理论和社会系统理论的基础上建立起来的，该学派的代表人物是赫伯特·西蒙和詹姆斯·马奇。

决策理论学派的主要观点如下：

（1）组织理论。西蒙认为，组织就是由做决策的个人组成的系统，决策贯穿管理的全过程，管理就是决策。他认为理想状态是所有员工都能把个人目标和组织日标联合起来，为组织目标主动做出贡献。这样，只有在调节时才需要使用权威。

（2）决策过程中的信息获取。西蒙认为信息在决策中非常重要，但信息非常庞杂，还有可能失真，因此有必要基于现代信息技术建立一套信息管理体系，并注重信息的甄别。

（3）决策的准则。追求满意的决策，而不是最优化的决策。

（4）程序化决策和非程序化决策。对于例行活动，可以建立一套程序，进行程序化决策；而对于非例行活动，则只能进行非程序化决策，一事一议。

决策者必须具备的品质：不是靠命令而是靠以身作则来建立权威，具有全局观念，知人善任，主动承担责任，广博的知识与丰富的经验，以及预测能力和判断力。

◆管理数量学派

数量学派是在科学管理理论基础上建立的以定量分析为主要方法的学派。数量学派的理论源头是泰勒的科学管理，主张用最好的方法、最少的时间和最低的成本使生产效率最大化，反对凭主观判断、直觉和经验来进行管理。

数量学派注重用建立数学模型的方法来解决管理问题，以求管理的程序化和最优化，认为管理就是利用数学模型和程序来表示计划、组织、控制、决策等职能活动的过程。

◆权变理论学派

权变理论学派是在系统管理理论的基础上建立起来的，认为每种管理理论都有其适用范围，要根据具体的情境灵活运用各种管理理论。

权变理论学派认为，传统的管理理论往往有两个缺点：一是只注重研究企业内部的组织管理，而忽视了外部环境的影响；二是以往的理论貌似都具有普遍适用的特点，但真正解决问题时又无能为力。

权变管理理论始终没有提出统一的概念和标准，每个人都可以根据自己的标准和原则进行管理，结果管理不是一门学科了，而是走上了经验主义和实用主义。

◆经验主义学派

经验主义学派是通过总结企业管理实践经验，然后传授给企业管理者，对管理者的实践起指导作用。

经验主义学派的代表人物有彼得·德鲁克、艾尔弗雷德·斯隆、威廉·纽曼等。

他们的基本思想：企业管理理论的研究应该从实践出发，特别是要注重研究大企业的管理经验，加以总结、提炼，然后传授给企业管理者，通过研究企业管理的成功经验和失败教训，能够发现管理问题，并进行针对性的改进。

以上简单介绍了所谓管理理论丛林中有代表性的小部分管理思想，这些思想是在古典管理理论和行为科学理论基础上的一些深化。

6.7　当代管理理论的新发展

当代管理理论是指从20世纪80年代以来产生的管理理论，这可以看成管理理论发展的第二个高峰。

20世纪80年代以来，国与国之间的竞争从军事领域转换到经济领域，企业发展的外部环境发生了巨大变化，国际化、全球化的步伐不断加快，市场竞争愈加激烈，企业如何在充满变数的买方市场环境中寻求竞争优势、谋求可持续发展成为管理学研究的重要课题，从而也产生了一系列新的管理思想和理论。下面，我们将简要介绍一下战略管理理论、质量管理理论、企业文化理论、信息化管理理论等。

◆战略管理理论

战略管理对一个企业的发展非常重要，企业所有的经营管理工作都是围绕战略展开的，战略确定企业是否在做正确的事，决定企业是否行走在正确的道路上。有一句话说“方向比努力更重要”，就是这个道理。战略如此重要，是企业高层最为关注的事情，这也是战略咨询成为咨询之王的原因。董事长要确定干正确的事，总经理要确定在正确地干事；董事长确定方向和目标，总经理确保执行到位。

战略管理理论在不同的发展阶段有不同的侧重点，下面我们简要回顾一下战略管理理论的发展历程。

1. 战略规划理论

20 世纪 60 年代，安德鲁斯、克里斯滕森和安索夫奠定了战略规划的基础，阐述了如何把商业机会和公司资源相匹配。战略匹配是这个阶段的核心思想，认为战略就是将企业的资源、能力和外部环境中的商业机会进行匹配，确定企业的市场定位、成长路径和竞争优势。

这一阶段的代表人物有：①阿尔弗雷德·钱德勒，代表作为《战略与结构》；②伊戈尔·安索夫，代表作为《公司战略》；③肯尼思·安德鲁斯，代表作为《经营策略：内容与案例》；④R. N. 安东尼，代表作为《管理控制系统》。

2. 战略管理理论

20 世纪 70 年代，企业经营环境呈现出变化的突发性和不确定性的特点，特别是两次石油危机的爆发彻底打破了战略规划理论的信仰。在这一背景下，战略研究开始从战略规划转向战略管理。

战略管理理论是在批判战略规划理论的基础上建立起来的，其核心思想是：外部环境的变化是不确定和不可控的，企业应该持续关注企业经营的外部环境，从而调整战略以适应变化的环境。

这一阶段的主要代表人物及其战略管理理论有：①奎因的“逻辑渐进主义”；②明茨伯格和沃特斯的“应急战略”；③伊丹敬之的“战略适应”。

3. 产业组织理论

20 世纪 80 年代，经济全球化进一步发展，企业要想在激烈的国际竞争中立足，必须在行业中占据优势地位，于是把产业结构理论引入了战略管理领域，形成了产业组织理论。该理论是在哈佛学派和芝加哥学派理论的基础上由迈克尔·波特系统提出的。该理论的核心思想是：竞争战略必须与其所在的行业环境相联系，行业结构决定了企业的竞争环境，也从而决定了企业的潜在盈利水平。

这一阶段的代表人物为哈佛大学迈克尔·波特教授，他的代表作有《竞争战略》《竞争优势》《国家竞争优势》等。

迈克尔·波特提出了用于产业结构分析的五力模型理论，从现有竞争对手、潜在进入者、替代品、供方和买方五个方面分析行业竞争状况；指出企业的三种基本战略，即差异化、低成本、聚焦；采用价值链分析法来分析如何建立企业的竞争优势；提出国家竞争优势理论，利用“钻石模型”来分析如何提升国家竞争力。

迈克尔·波特是管理学界公认的“竞争战略之父”，在世界管理思想界可谓是“活着的传奇”，获得了哈佛大学商学院“大学教授”的最高荣誉。

4. 资源基础理论

20 世纪 90 年代，随着苏联的解体，政治上出现了“一超多强”的局面，经济全球化深入地球村的每个角落，全球经济进入了信息主导、资源紧缺、产业边界模糊的新时代。顺应环境多变、竞争激烈的新时代，战略管理理论发展的方向是注重从企业内部建立竞争优势，关心企业资源、知识和能力等因素，践行“内圣外王”的管理思想，于是就诞生了资源基础理论。该理论的核心思想是：认为企业竞争优势来自企业的独特资源以及资源配置方式。

这一阶段的主要代表人物有：①伯格·沃纳菲尔特，代表作为《企业资源基础论》；②C. K. 普拉哈拉德和加里·哈默尔，代表作为《企业核心能力》。

◆质量管理理论

二战以后，市场竞争越发激烈，逐步实现从卖方市场到买方市场的转变，消费者对产品质量越来越重视，同时消费者协会也起到了一定的促进作用，导致质量管理越来越重要，相应地产生了质量管理理论。

质量管理理论在20世纪50年代萌芽于美国，后来传入日本，在日本大放光芒，并助力日本企业对美国本土企业形成了严峻的挑战。

质量管理理论的代表人物有戴明、朱兰和韦尔奇等。

1. 戴明

威廉·爱德华·戴明（1900—1993）是世界著名的质量管理学家，因对世界质量管理的贡献而享誉全球。他在20世纪50年代的美国并没什么影响力，到了日本却因为推行质量管理而很快成为国家英雄。直到20世纪80年代，美国才开始重视质量管理理论。

戴明的主要贡献：①他提出的“十四要点”，是全面质量管理（TQM）的重要理论基础；②他提出了PDCA循环，也叫“戴明环”。戴明环启发了本书中管理结构模型的建立。

2. 朱兰

约瑟夫·莫西·朱兰（1904—2008）是世界著名的质量管理专家。

朱兰的主要贡献：①他的《朱兰质量手册》是世界质量管理科学的名著，奠定了全面质量管理的理论基础和方法论；②他提出了七步走的“突破历程”，综合了他的基本学术；③他提出了“质量环”的概念，建立了质量螺旋的管理思想；④他提出了“80/20”原则，强调了质量管理工作中的领导作用。

3. 韦尔奇

杰克·韦尔奇（1935—2020）是通用电气的前首席执行官，他对质量管理的贡献是在通用电气公司推行“6σ 理论”的实践。

“6σ 理论”并不是诞生于通用电气公司，而是在 20 世纪 80 年代诞生于摩托罗拉公司。通用电气也不是第一家运用“6σ 理论”的公司，却是运用“6σ 理论”效果最好的公司，“6σ 理论”在 GE 的实施是最成功的。

“6σ 理论”运用流程思维、采用量化方法找出质量问题并加以改进，提高产品质量，提升客户满意度。“6σ 理论”是从全面质量管理理论演变而来的，又从实用性方面反过来对全面质量管理理论形成了挑战。

工业革命起源于欧洲，管理理论也起源于欧洲，最终却在美国开花结果。在质量管理方面，美国终于尝试到了这种“墙里开花墙外香”的滋味。在戴明 80 岁生日即将来临之际，国家广播电台（NBC）记者在戴明那个距离白宫几百米位于地下室的办公室里采访了他，然后播出了《如果日本可以，为什么我们不能》一文，这才让同胞们认识了戴明，熟悉了他的管理思想。于是美国开始重视质量管理，设立了波多里奇国家质量奖。而以戴明命名的戴明品质奖，至今仍是日本质量管理的最高荣誉。

上述介绍的质量管理先驱，生命的长度好像都还比较理想，特别是朱兰老师，跨越了一个世纪，活到了 104 岁，是否质量管理理论也适用于提升个人的生活质量呢？也许吧！

◆企业文化理论

企业文化理论兴起于 20 世纪 80 年代，背后有着一些原因。首先，二战以后西方注重对组织中人的研究，探索人的精神世界和行为追求，宣扬人的尊严、价值，经历了从理性主义到人本主义的变迁；其次，随着经济的不断发展，员工的物质需求减少，精神需求逐渐增加，强调在工作中的价值实现；另外，日本经济高速增长，而美国经济却面临诸多问题，这引发了美国企业界和理论界的关注与反思。

通过对美国企业和日本企业的对比分析，认为美国企业在管理中发挥作用的主要是硬性管理因素，如战略、组织结构、制度、规章等；而日本企业在管理中发挥作用的主要是软性管理因素，如信念、宗旨和价值观等。这些软性因素正是美国企业在管理中所缺少的，而这些因素随着经济发展在企业管理中越来越重要，于是就产生了企业文化理论。

企业文化理论的主要代表人物有：①吉尔特·霍夫斯泰德，代表作为《文化的重要性》；②威廉·大内，代表作为《Z 理论——美国企业界怎样迎接日本的挑战》；③特伦斯·迪尔和艾伦·肯尼迪，代表作为《企业文化——企业生活中的礼仪与仪式》；④埃德加·沙因，代表作为《组织文化与领导力》。

◆信息化管理理论

21 世纪以来，信息和通信技术的发展突飞猛进，人类进入了移动互联时代。在物流和支付技术的加持下，消费互联网得到跨越式发展，人类的购买和消费方式发生巨大变化，网红经济颠覆了传统商业思维。工业互联网、智能制造正在快速推进。大数据、人工智能技术的应用不断取得突破。企业管理中也非常注重信息技术的应用。

第一阶段：主要是办公室、人力资源、财务、生产的个别环节的单项应用，如 CAD、CAM、MIS 等。

第二阶段：主要是网络化建设的导入阶段，如 OA、网站等。

第三阶段：主要是导入管理信息系统，即所谓的 ERP。

第四阶段：主要是整合上下游，形成产业互联，进行平台交易，实现协同和智能化。

第五阶段：大数据、人工智能、数字化转型。

政府层面通过制定并颁布各种政策大力推进信息技术的应用，企业也给予了足够的热情和投入。但是，我们在日常咨询工作中接触了大量企业，发现有很多企业信息化工作没有达到预期效果，投入产出不理想，给各级管理人员在日常工作中造成了很多困扰。结合我们的咨询实践，给企业提出如下几点建议：①根据企业发展阶段和行业特点，制定理性的信息化规划，要有整体思维和系统思维；②在推进信息化之前，最好根据战略优化组织，运用流程思维实现标准化管理；③以我为主，要有自己的信息化技术人才，最好是有既懂信息技术又懂企业管理的复合型人才，并主导公司的信息化工作，整合外部咨询和信息系统资源为我所用；④目标导向，理性投入，注重实效，不要赶时髦。

信息化也好，数字化也罢，归根结底只是一个管理工具而已，是基于西方理性思维假设对科学管理理论的进一步深化，目的是提高效率、辅助决策。而所有的系统也都是要由人去操作使用，在日常管理实践中通过管理的艺术性调动员工的工作积极性也非常重要，甚至更重要，两者不可偏废。所以，在信息化、数字化、数智化的路上，读者且行且思吧！

本章是一篇极简版本的管理理论发展史，目的是通过本章内容引导读者回顾一下管理理论发展的历程，即所谓管理理论的演变逻辑。进而，结合前面章节介绍的管理理论的结构逻辑部分，能够帮助读者更好地理解和掌握管理理论知识，为理解后续开始阐述的管理理论的应用逻辑奠定基础。

管理是一个非常古老的话题，文明还没有开化之前人类早就有了管理实践。在工业革命之前，人类还生活在以农牧业为主的社会，即使后来有了一些简单商品的生产，也都是在家庭中完成的，那时候的管理实践更多是出现在政治、军事、宗教、社会等领域。在工业革命初期，企业规模还比较小，企业主的关注点主要在业务方面，并不是很重视管理，更不会建立系统的管理理论，即使这样，无论在欧洲还是美国，都有一些伟大的先驱对管理进行了研究，提出了初步的管理思想，为后续管理理论的繁荣奠定了基础。在 20 世纪的前 50 年里，在两次世界大战前后，通过管理学家和企业家的共同努力建立了科学管理理论和行为科学理论，达到管理思想发展的第一个高峰。第二次世界大战到 20 世纪 80 年代之间，理论界和实践界对企业管理创新都投入了极大的热情，管理思想层出不穷，产生了管理理论的丛林，为下一个管理思想的高峰创造了条件。20 世纪 80 年代，世界政治格局和经济体系发生了巨大变化，企业面临从卖方市场到买方市场的转变，国际化竞争加剧，结果是产生了管理理论发展的第二个高峰。21 世纪以来，管理理论少有突破性的创新，目前管理思想的宝库其实已经足以满足我国企业管理实践的需要。德鲁克说过，管理是一种实践，其本质不在于知而在于行，我们当下正处在推进管理理论应用的时代。我国企业中管理应用的潜力无限，管理的价值一定会得到体现，让我们一起期待好事发生。

细心的读者可能会发现，我们在中世纪之前的分析过程中，都采用中外比较分析的方法来组织内容，后面为什么一直没有提到我国的管理思想呢？答案当然不是我们疏忽了。欧洲的航海时代，我们放弃了郑和的实践成果，做了看客。欧洲搞科学革命、工业革命的时候，我们陶醉在康乾盛世中重复昨天的故事。1911 年，泰勒发表了他的代表作《科学管理原理》，我们辛亥革命终于成功了。我们进入封建社会比欧洲早近千年，结束封建社会却比欧洲晚了 4 个多世纪。第一个管理理论高峰时段，中国还没有解放。第二个管理理论高峰来临的时候我们还没有实现工业化，中国特色社会主义市场经济体制尚未建立。所以，两个管理理论产生的高峰期我们就完美错过了，失去了再一次为人类文明做出贡献的战略机遇期。总的来说，在管理理论的发展历程中，中国和西方对比的情况就是从“并驾齐驱”到“独领风骚”再到“望尘莫及”。

那么，我们应该为西方鼓掌吗？

那是当然，我们应该有这样的格局和胸襟。各领风骚几百年，人家在这个阶段为人类文明做出了巨大的贡献，为全人类造福，我们理应表达感激之情。

我们应该为近现代企业管理理论方面的贡献不足感到自卑吗？

这个问题的答案是：毫无必要。原因如下：

（1）无论过去、现在，还是未来，我们中华民族都会持续地输出，为人类文明做出自己的贡献，互相取长补短，共同为人类造福。

（2）管理理论没有什么专利，既不复杂，也不神秘，我们完全可以在实践中充分运用管理理论，发挥管理的价值。

（3）就像哲学一样，管理理论创新的空间也没有想象中那么大，起码在当前的发展阶段现有管理理论已经比较丰富了，我们并不会因为管理理论而被“卡脖子”，却有可能因为管理理念而被“卡脖子”。

那么，我们应该怎么办？

首先，深刻反省我们过去存在的问题，想想我们为什么走了弯路，关键时刻为啥“感冒”，以后如何预防“感冒”。

其次，学习、领会、提高，知其然，也要知其所以然，做到融会贯通。

最后，结合中国企业实践，批判地继承，创新地应用，做到理论联系实际，并在实践中勇于探索思想高峰，为管理理论的大厦添砖加瓦，贡献中华民族的智慧。

实践是检验真理的唯一标准。这是一个管理与科技并举推动中国经济转型升级助力中华民族伟大复兴的新时代！那就让我们理论界、咨询界、企业界携起手来共同拥抱这个伟大的时代吧！

实践出真知，一流的实践，缔造一流的理论，坚信我们一定可以。

7 企业管理变革

前面我们已经介绍了本书三部分内容中的前两部分——企业管理的体系结构和演变历程，而本章和第 8 章将介绍第三部分内容，即管理体系的应用。

本章我们将探讨企业管理变革，帮助读者认识到管理变革的重要性，了解推动管理变革的方法和要点，并学会如何借助外力来更好地推进管理变革。

7.1 企业管理变革的重要性

◆认识管理变革

运动是绝对的，静止是相对的，世界上的一切事物都处于变化之中。

根据达尔文的进化论，能够在世界上生存的动物，不是最强大的物种，也不是最聪明的物种，而是能够适应生存环境的物种，适者生存。恐龙已经灭绝，而人类活得还好。

企业，作为一个经济组织，也有自身特定的生存环境，也必须不断调整自身来适应环境，才能更好地生存和发展。

企业经过初创阶段以后，会逐步建立系统的管理体系，实现从人治到法治的转变。建立管理体系的本质是打造公司的组织能力，降低对企业创始人的依赖，实现公司良性、自驱发展。任正非先生曾经说过，我们不是靠人来领导这个公司，而是用规则的确定性来对付结果的不确定性，说的就是这个道理。

管理体系本身并不是一劳永逸保持不变的，而是要根据企业发展外部环境和内部需要不断进行调适，保持管理体系对企业战略的动态适应性。对管理体系进行局部的、小的修订，可以叫“优化”；而对管理体系进行系统的、方向性的较大调整就叫“管理变革”。

引起管理变革的原因，可以从内、外两个方面来分析。从外部来看，可能是因宏观经济形势、行业发展态势或竞争对手的策略变化，导致企业必须进行必要的管理调整来适应外部发展环境；从内部来看，主要是通过优化资源配置方式和组织执行力提高组织效率。源自外因的变革通常是被动地适应，而源自内因的变革通常是主动地创造。

管理变革的内容包括企业管理体系的各个方面，主要有以下三点：

（1）战略及运营管理体系的调整。战略决定企业发展的方向和目标，引领企业的所有经营管理活动；而运营管理，就是指前文所述的企业三个层次的管理循环，是企业运行的控制系统。

（2）组织管理体系的调整。按照钱德勒的思想，战略决定结构，企业战略决定企业组织体系，企业组织体系必须跟随战略。根据前文所述管理结构模型，企业组织体系变革通常包括三个方面的内容：①企业物理体系，主要是指生产体系的调整；②企业人力资源体系的调整，主要包括人员结构、人才培养体系、激励体系的优化调整；③组织结构及流程体系的调整。

（3）文化体系的调整。文化体系的调整主要是指根据公司发展需要和企业实际情况，优化企业文化管理系统，并倡导和推进企业文化体系的实施，助力企业战略落地。

◆管理变革事关企业的生存和发展

有一种说法，世界上只有两类企业，一类适应变化，一类淘汰出局。这意思就是适者生存，说明了管理变革对于企业生存和发展具有决定性作用。

任正非曾经说过，创新就是在消灭自己，但不创新就会被对手消灭。

这句话的意思不是说企业一定会被消灭，而是说企业必须创新，必须通过不断地自我否定实现螺旋式上升发展，保持企业对发展环境的动态适应。如果企业做不到与时俱进，则必将会被对手击败，被客户吐槽和抛弃，成为明日黄花。

这方面的案例不胜枚举。诺基亚因为技术路线问题，未能适应移动互联时代对手机智能化的需要，从而失去了手机市场领导者的地位。柯达也是因为不能顺应产业变革的需要而销声匿迹。大润发创始人挥泪离场时说，我战胜了所有对手，却输给了时代。

一个企业的成长史某种程度上就是一部企业变革史。

不变革，无未来。

◆管理变革面对的阻力和风险

管理变革对企业发展很重要，但管理变革的阻力比较大，风险也比较高，管理变革失败的案例比比皆是。

管理变革的阻力，可能来自以下四个方面：

（1）管理变革通常会影响一部分人的利益。改革并不能保证能够实现共赢的局面，反而往往因为改变而影响了部分人的利益。比如，组织结构调整通常会影响中层管理人员的职位和权限，定岗定编通常对基层管理人员影响较大，而薪酬激励体系变革则往往会影响部分员工的待遇。如果企业面临改制、重组，则对各级管理人员影响都会比较大。

（2）管理变革通常会改变员工的工作习惯。习惯一旦养成，就很难改变，员工通常都不愿意改变工作习惯。惯性和惰性是造成员工不愿改变习惯的原因，员工希望较少改变，能比较舒服地按照惯例和既有程序来开展工作。

（3）管理变革往往会给员工带来心理压力。如果员工对企业管理变革的目的和结果缺乏了解，对企业管理层缺乏信任，认为变革的结果具有很大的不确定性，甚至质疑企业进行管理变革的动机，怀疑变革背后是否有什么阴谋，那么员工心理压力就会比较大，就会从心理上抵触管理变革，更乐于维持现状的确定性。

（4）缺乏领导的支持。有人总结说，从历史看推动变革的人物就没有几个有好下场。特别是在有些国有企业，领导者从自身利益出发可能偏向于保守，而不是锐意进取。因为即使变革达到了预期效果，也难免造成少数人利益受损，就是这少数人也有可能对领导者造成不利影响，如影响领导者民主测评，或者影响领导者个人进步。如果改革不成功，那领导者往往就变成了责任的最终承担者，成为为变革失败买单的人。领导者也希望维护和谐的企业发展环境，与员工相互扶持、共同进步，而不希望制造矛盾，形成“双输”的局面。但是，缺乏高层领导者的支持，或者领导者改革的决心不坚定，无法消除管理变革过程中产生的阻力，往往就会造成管理变革目标的扭曲，甚至是变革失败。

意大利政治家和历史学家马基雅弗利曾经这样形容引进新秩序时的危险性：没有比推行新的秩序更难以执行、更令人怀疑成功的可能性，以及对统治者更危险的事了，因为推行它们的人把所有受益于旧秩序的人都变成了他的敌人；只有当人们有了深切的体验之后，他们才会真正相信新事物。

管理变革的过程充满困难和风险。但是，管理变革无比重要，且必须面对，不可回避。

所以，加强对变革的管理非常重要，这决定了变革的成败和企业的生死存亡。

◆管理变革永远在路上

企业在不断成长，外部经营环境也在不断改变，竞争对手虎视眈眈，这些都决定了企业变革的持续性。变化是绝对的，管理变革也必然是长期的、持续的。

所以，企业不是要思考是否需要推进变革的问题，而是要研究如何有效推进变革的问题，也就是要打造推进企业长期持续变革的能力，这是企业的核心竞争力。

管理变革是一个持续的循环，没有终点站。生命不息，变革不止。

企业要学会如何在奔跑中调整姿态。

管理变革，永远在路上。

7.2 如何借助外力推进企业管理变革

从上一节的分析中可以看出，管理变革很重要，企业在发展过程中必然会面对管理变革的挑战，而管理变革的风险和阻力也比较大。因此，企业在推行变革时往往会考虑是否需要借助外力来更好地推进变革。下面，我们就这个问题进行分析，供企业在推进管理变革时做参考。

◆外部顾问的价值

在考虑是否需要寻求外部顾问的支持时，我们首先要分析一下外部顾问在管理变革工作中的价值。

（1）提供最新的管理思想。咨询公司是理论联系实际的桥梁，能够掌握最新的管理思想，并在项目中进行实践，帮助客户取得更好的管理变革效果。而且，咨询顾问长期帮助企业开展管理变革工作，在此过程中积累了丰富的实践经验，可以帮助企业制定更科学的变革方案。

（2）具有标准化的方法论体系。在执行管理变革项目过程中，外部顾问在调研、变革方案设计、方案实施和改进等环节有标准化的工作程序与咨询工具，可以帮助客户更好地开展工作。

（3）提供变革管理的方法。咨询顾问在工作过程中积累了大量管理变革的经验，可以对企业变革过程中可能出现的问题进行预判，并制定针对性的预案，有效降低变革风险，使管理变革的过程更高效、更可控。

（4）第三方的角色优势。咨询顾问作为第三方的外部顾问，在企业内部没有人情关系和利益纠葛，在工作过程中能够尽可能做到客观、公正，把精力集中在工作本身，充分发挥顾问的专业价值；在工作过程中，推动变革的客户方管理人员有些话可能不方便讲，有些事可能不方便做，而作为第三方的外部顾问则没有这些顾虑；第三方顾问可以更好地调动领导者的积极性，让领导者更多地支持和参与管理变革工作，在方案研讨过程中也可以和领导者更好地互动，比企业职能部门做得更好。退一步讲，万一管理变革因种种原因出现挫折或失败，外部顾问还可以承担一定的责任，降低主导管理变革的领导者的风险，起到一个责任防火墙的作用，这反而有利于增强领导者推动变革的信心和决心。

（5）外部顾问的时间优势。企业管理人员编制有限，有大量日常工作需要处理，往往没有足够的时间和精力主导管理变革工作，而且因为工作交叉精力也不能集中在变革项目上。作为外部顾问，全职参与客户方的变革工作，在时间和专注度方面都有保证，和客户方管理人员可以形成优势互补。

◆是否需要外部顾问

通过上述分析，我们对管理变革工作有了系统的了解，知道管理变革非常重要、不可回避、风险较大；此外，我们也了解了外部顾问的价值和优势。那么，企业在推行管理变革过程中究竟是否需要寻求外部顾问的协助呢？

针对这个问题，企业还是要根据自身实际情况，综合考虑管理变革的目标和自身变革管理能力，谨慎决策。

从华为的经历来看，华为在发展过程中多次委托中外管理咨询公司为其提供专业咨询服务，并取得了非常好的效果，甚至形成了华为自身的管理输出能力。

当然，有的企业发展很成功，但在管理变革过程中并没有与外部咨询机构进行合作。所以，究竟是否需要外部顾问的协助和支持还是要根据企业实际情况来确定，企业和外部顾问在管理变革工作中各有优劣势，这个问题并没有标准答案。企业一定不能迷信外部咨询机构，但也一定不能太自负从而忽视了管理变革的风险，否则管理变革的结果可能不太乐观，甚至会比较尴尬。

◆企业如何借力外部顾问推进变革

如果在综合考虑自身实际情况之后，企业决定寻求外力来协助推进管理变革，那么如何和外部顾问进行配合呢，如何对外部顾问的工作进行管控呢？

首先，要明确外部顾问的定位。企业在决定寻求外力支持后，要明确外部顾问在管理变革中的定位和角色，明确外部顾问的工作职责和范围，为双方的合作打好基础。

其次，要选择符合企业需求的咨询机构和顾问。当前，国内管理咨询服务的供给并不是太理想。外资咨询机构在专业能力方面有所保证，但不一定很了解中国的市场和企业，在合作过程中可能会比较强势，收费标准也存在虚高的情况，并不一定适合中国企业，特别是大量民营中小企业；而本土咨询机构顾问的水平差异非常大，相对而言短期行为比较多，存在重营销、轻交付的情况。所以，无论选择哪种咨询机构，一定要确认参与项目的人员，特别是项目现场负责人，几乎可以决定项目的成败，而能够很好胜任这个角色的顾问并不多。

再次，要把握好合作协议中的各项条款。企业在明确变革目标和计划的基础上，确定了合作的机构和现场实施的人员后，就必须把相关合作内容通过协议中的条款进行明确，以免在项目实施过程中发生争执。企业要明确合作内容、参与人员、合作方式、交付成果、付款方式、违约责任等条款，把商务工作做好，为后面协议的顺利履行创造条件。

最后，一定要强调客户方在变革项目实施过程中的主导作用。在咨询中，当然有一些很优秀的强人，但是客户不一定遇得到，或者即使遇到了客户也不一定能够识别出来，通常为企业服务的顾问并不像项目建议书中说的那样有能力，而和客户谈项目的人可能在实施过程中就不怎么出现了，或者即使出现，也不能提供什么实际帮助，也就是过来出席一下相关会议以表示重视。所以，在项目实施过程中，客户一定不能迷信外部顾问，一定要强调客户方在项目实施过程中的主导作用。企业变革项目负责人必须非常清楚需要外部顾问干什么，明确项目实施过程中外部顾问的定位和配合方式；项目负责人必须准确判断外部顾问的能力和水平，一旦被蒙蔽从而做出错误的决策，在项目实施过程中就会感到极其郁闷，可能会出现用不上、退不了的情况。在和中国建筑下属优秀工程局的合作中，我们深刻体会到了这一点，它们的项目范围通常比较窄，但对项目的深度和创新要求比较高，对方非常明确顾问能做什么，在项目实施过程中严格按照合同履约，通常都能做好变革管理并达到合作目的。而在与一些民营企业的合作过程中，项目前期往往对咨询顾问抱有不切实际的幻想和期望，而在项目实施过程中通常缺乏很好的配合，在方案贯彻执行阶段又缺乏必要的执行能力，结果咨询项目达不到预期效果，又把顾问说得一无是处。在咨询实践中，不成功的案例非常普遍，作为企业方需要向标杆企业学习，提升自身变革管理能力，把控管理变革的全过程，绝不能迷信顾问，把项目成功寄托在咨询机构和顾问的职业操守上，而是要在明确需求的基础上学会选人、用人、把控人，确保咨询项目和管理变革过程受控。

7.3 通过变革管理提升管理变革的成功率

变革管理是指在企业中推行管理变革时，通过计划、实施和控制一系列的活动，从而确保管理变革顺利进行，并尽量降低变革的负面影响的管理过程。企业可以通过变革管理提高管理变革的效率和效果，使企业更好地适应发展环境，提高企业运行效率和盈利能力。

我们从以下五个方面来介绍变革管理的过程。

◆明确管理变革的需求

推进企业管理变革的第一步，是要明确企业管理变革的需求，以及通过管理变革希望达到的目的，这是后续管理变革工作的方向标。

原则上讲，企业战略应该适应企业发展的外部环境以及自身的资源和能力基础，而组织流程体系和运营管理体系要能够支撑战略落地实施，企业的管理体系应该和企业战略保持动态匹配。企业应该随时关注管理体系的适应性，当发现管理体系不能符合企业发展需要时，应该及时推进管理变革，助力企业实现可持续发展。

有一些企业经常开展同业对标工作，通过对标了解同行的发展情况，学习同行的管理经验，这样也可以发现自身管理方面存在的差距，帮助企业发现管理变革的需求。

我国在推进改革开放的过程中，非常注重通过开放促进改革，通过推进改革开放，加强与其他国家的沟通和交流，发现自身的差距，为改革指明方向。企业的管理变革也是一样的道理，需要以一种开放的心态面对市场，虚心向标杆学习，发现差距，通过管理变革提升自己。故步自封，坐井观天，自我感觉良好，最终的结果就是保守和落后，而落后就会挨打。

发现差距，清醒认识到自身的不足，就为管理变革奠定了基础，明确了变革的需求和目标。

◆组建推动变革的团队

在明确管理变革需求和目标的前提下，为了成功推动变革，企业需要建立推动变革的团队，从组织上保障管理变革的顺利实施。

我们在开展管理咨询服务的过程中，通常会建议客户方发起成立项目领导小组和工作小组。项目领导小组主要负责对管理变革进行动员，把握变革的方向和力度，为变革配置必要的资源，清除变革过程中出现的障碍，推动变革方案的实施。而工作小组主要负责组织开展具体的变革工作，协调管理变革相关参与方密切配合共同推进管理变革工作。

华为在推进管理变革的过程中，设立了项目指导委员会、项目管理办公室和变革项目组三层组织，取得了良好的效果。

在组建变革管理团队时，要配置合适的团队成员，强调主要领导者亲自参与，挑选思想上认同变革、能力上符合要求的团队成员。有些企业在推行管理变革的过程中，甚至会先把思想上不认同管理变革的管理者调离岗位，再开展管理变革工作，这样变革的阻力会小一些，项目推进会更顺利一些。

◆制订管理变革的计划

计划是管理循环的第一个环节，在变革管理中也不例外，为了更好地推行变革，必须在变革实施前制订切实可行的工作计划。

企业管理体系是一个完整的系统，各子系统之间具有密切的关联关系，在制订变革计划过程中也必须进行系统思考、整体规划，这样才能系统性地解决问题。如果“只见树木不见森林”“头痛医头，脚痛医脚”，解决了一个问题，可能会出现其他的新问题，按下葫芦浮起瓢，这样就不能达到开展管理变革工作的目的。

在变革计划中，要对可能出现的问题制定备选方案，对可能出现的变革阻力制定解决预案，对可能出现的危机做到心中有数，不打无准备的仗。

◆加强对管理变革的领导

在变革计划执行过程中，要加强对变革工作的领导，充分调动各级管理人员积极参与管理变革；要加强沟通，注重协调各相关方的工作，形成合力，提升计划的执行力。

在变革方案通过相关决策程序确认后，要大力推进新方案的落地实施。在执行新方案时，可能直到变革阻力和矛盾真正出现时，管理人员才开始体会到改变的痛苦，这也是管理变革阻力和风险最大的时候，领导者一定要坚定推进变革的信念和决心，不能动摇和犹豫，度过这个阶段后，一切都会慢慢好起来。

华为在推进管理变革时，任正非先生提出了“削足适履”“先僵化、后优化、再固化”等变革思想，先坚决执行，通过一段时间的运行后再优化方案，最终形成成熟的管理体系。为了推行变革，华为甚至提出了“不换思想就换人”的口号，足以体现华为推动变革的决心，这可能也是其伟大的原因之一吧。

◆变革效果评估与改进

在新的管理体系试运行一段时间后，企业需要根据实际情况对运行过程中出现的问题进行优化，做到持续改进。

而且，企业需要在此基础上对整个管理变革工作进行总结。这包括对变革的成功经验进行总结和提炼，为后续的管理变革工作提供指导；对管理变革过程中出现的问题进行分析，吸取教训，防止以后重复发生。

同时，对管理变革过程中做出突出贡献的员工，企业应该进行及时肯定，并给予相应的物质和精神鼓励。

这样，整个变革管理工作就形成了一个闭环，实现持续改进。

7.4 管理变革的策略与技巧

在长期协助企业开展管理变革工作的过程中，我们积累了一些工作心得，在此进行简要总结和说明，供企业进行管理变革时参考。

◆选择管理变革的时机

从理论上讲，企业管理体系应该和发展目标保持动态匹配，随时根据需要进行完善。但是，在企业实际运行中，不可能经常进行管理变革，而是要保持相对稳定，这样才有利于生产经营工作的开展。因此，开展管理变革工作需要选择一个恰当的时机。

有个观点认为，当企业面临危机时，最适宜开展管理变革。这个观点不无道理，当企业发展面临危机，甚至是面临生死存亡的挑战时，当然会形成巨大的变革动力，变革也会更容易得到员工的理解和支持。

比如，在推进国有企业改制的工作中，如果企业发展现状不乐观，业绩不佳，甚至是亏损，那么这时推进改制工作更容易得到主管部门的支持，员工也会更容易理解和接受公司的改制计划。反之，如果企业经营情况良好，那么推进企业改制工作可能会比较困难。

又如，企业在稳健发展过程中推行末位淘汰制，员工通常会持抵触情绪。而当企业经营困难时，即使推行减员增效的改革也会得到员工一定的理解。

但是，当出现危机时再推行改革，属于防御型的变革，可能会错过企业发展的最佳时机。而作为优秀企业，在企业管理工作中应该有一定的前瞻性思维，这样才能引领行业发展。

而在推行薪酬改革的时候，如果企业经营情况良好，能够给予一定的增资预算，那么薪酬总额的上调将成为薪酬管理变革的润滑剂。反之，企业经营状况下滑的情况下，如果推行薪酬改革，员工首先想到的就是企业想通过降薪控制人工成本，对于这样的改革员工内心肯定是抵触的，态度肯定是消极的。

因此，推进变革的时间选择也是有讲究的，管理变革需要选择时机顺势而为。

◆把握管理变革的力度

从理论上讲，企业管理体系应该和发展战略动态匹配。但在实践中，管理变革力度的选择一定要基于现实，不能太理想化。

管理体系要和企业发展阶段相匹配。如果管理体系超越了企业的发展现状，管理思想太超前，就会造成管理过度。管理过度不仅不利于企业发展，还会成为企业运行的负担。管理过度，某种程度上还不如管理不足，当企业发展到一定阶段时，适当放松管理并加大授权，可能还有利于企业快速发展。

在管理变革的力度选择上，也存在“硬着陆”和“软着陆”的不同。硬着陆，管理改进力度大，管理水平提升幅度大，能争取时间窗口尽快解决企业运行中的问题，但风险比较大；软着陆，采用温水煮青蛙的方式，改革力度比较温和，改革推进起来相对比较容易，但企业管理提升的过程会比较长。如何确定改革力度，要看实际情况。在改革需求不是很迫切的情况下，采用软着陆的改革方式，小步快跑，也不失为一种很好的变革思路。而采用硬着陆的方式，如果不具备组织能力，可能会欲速则不达，前功尽弃。

◆重视文化对变革的影响

文化对于企业管理方式和管理体系具有深远影响，企业管理体系中必须体现企业价值观的要求，这样才能得到员工的认同，管理体系才能得到很好的执行。企业的行为文化更多体现在企业的管理体系中。

因此，在开展管理变革工作、制定变革方案时必须考虑企业文化的因素，这样才有利于方案的执行和变革的成功。

◆强化沟通的功能

管理变革，通常会是一个较大的改变，在推进变革过程中必须加强沟通，才能增进理解、消除阻力、取得成功。

在启动管理变革前，企业管理层需要加强沟通，对管理变革的需求和目标达成共识。如果班子成员对管理变革的理解不一致，在决策过程中不能遵循民主集中制的原则，就会给工作推进带来负面影响。在实践中，这种情况很常见，“开倒车”和“拆台”一定是管理变革的梦魇。所以，在决定开展管理变革工作之前，主要领导一定要对这个问题有清醒的认识，如果领导层不团结，主要领导的领导力不足，推行变革的结果就不会太乐观。

在启动管理变革时，必须做好员工动员工作。通过动员，让员工理解企业推行管理变革的原因，认识到推行变革的好处，这样可以获得员工对管理变革工作的理解和支持。因此，群众路线对管理变革很重要。

在制定变革方案前，要进行充分调研。在进行方案决策前，要充分征求意见，组织开展大量的研讨，确保最终的改革方案符合企业实际情况和发展需要。

在新的管理体系实施前，要开展培训和宣贯工作，使员工理解新体系的设计思想，掌握新体系的要求，帮助员工完成管理思想和体系的切换。

针对管理变革过程中利益受到影响的员工，也需要加强沟通，解释企业推行变革的背景，描绘企业发展的愿景，争取员工的理解。

沟通在一定程度上决定了管理变革的成败。

◆借助领导者的权威

管理变革是“一把手”工程，主要领导的参与和支持可以在变革工作中产生事半功倍的效果。相反，如果主要领导缺乏对管理变革重要性的认知，甚至持有观望的思想和态度，那么随便一个部门都可以为管理变革设置一道不可逾越的障碍，甚至于高层副职都有可能唱反调叫停管理变革工作。

在华为开展的历次管理变革工作中，任正非先生都没有缺位，他自己就是变革的发起者和主导者，他甚至亲自写信给IBM公司的CEO邀请IBM参与华为的管理变革。华为发展史上历次管理变革几乎都成功了，这和主要领导的大力支持是分不开的。

“一把手”的大力支持对管理变革的重要性怎么强调都不为过。

◆引导管理者对变革的预期

在管理变革过程中，要注意合理引导各级管理人员对变革的预期。

如果为了调动各级管理者对管理变革的热情，人为片面夸大了管理变革的效果，最终员工可能对管理变革的成果感到不满或失望，对变革方案的执行产生负面影响。

如果降低了各级管理者对管理变革的预期，员工可能会觉得管理变革意义不大，又缺乏积极参与的意愿，甚至觉得进行管理变革就是在瞎折腾。

而且，管理变革产生的效果通常要经过一段时间才能体现，如果希望通过开展一个管理变革项目马上产生效果，甚至很快就在财务报表上得到量化的体现，那往往是不现实的。有些企业，在和咨询公司谈合作的过程中甚至提出根据企业下一财年经营利润的改善来进行付费，这种合作模式通常是不怎么科学的。

因此，在开展管理变革时，一定要让各级管理者充分理解变革的意义，从长期可持续发展的角度引导各级管理者积极参与和支持，对管理变革的结果形成理性的预期。

◆及时肯定变革的成绩

在推进一项重要工作时，如果工作难度大、见效慢、风险高，要想让员工保持持续的工作热情通常比较困难，企业管理变革工作就具有这样的特点。

为了鼓励员工持续积极地投入变革，企业有必要对变革工作进行定期的总结和肯定。通常可以把管理变革目标进行分解，形成多个阶段性的小目标，对管理变革项目进行总结分析，肯定成绩，这样可以实现及时激励，引导员工为管理变革持续努力。

◆从小事做起

当一个企业管理基础比较薄弱、员工思想比较保守、公司管理团队的权威不足时，我们建议不妨从小事做起。企业可以选择开展周期短、见效快、涉及面小的变革项目，通过小项目的成功改变员工对管理变革的态度，培养员工对管理变革的信心，增强员工对企业管理层的信任，从而为后续可能开展的重大变革创造条件。

“勿以善小而不为”，企业变革有时需要有足够的耐心。

◆发挥信息化的支撑作用

信息技术的应用对建立和执行现代企业管理制度至关重要。通过导入管理信息化体系，可以固化企业管理流程，监控管理体系的执行情况。通过信息化管理，可以大幅提高决策、审批效率，提升企业对市场的反馈速度，降低企业管理成本。华为的管理体系变革就是从信息化战略和规划开始的。

企业管理的规范化、标准化是实施管理信息化的前提；同时，信息技术是实现企业管理标准化的有力支撑。信息化和标准化共同助力企业管理升级，保障管理变革的成功。

8 管理赋能企业家

工业革命以来，科学发现和技术革命大大促进了世界经济发展。然而当下，科技创新具有很大的不确定性，导致世界经济增长趋缓，进入了以存量竞争为主的新时代，世界政治、经济格局形成了复杂的缠斗局面，面临百年未有之大变局。我国经济面临转型升级和国际化的挑战，各个行业以及行业内的不同企业之间都呈现出逐步分化的发展趋势。在此背景下，产业结构将会得到重塑，企业将面临转型发展的挑战，这不仅需要调整企业发展战略，更需要转变企业发展理念。企业家需要认清当下企业发展所面临的外部形势，走出迷茫和困惑，理性看待事业和人生，引领企业实现科学发展。那么，在此情境下管理的角色是什么，管理的现实价值和实践意义如何体现，管理如何为企业家赋能帮助企业突出重围呢？这就是本章要探讨的内容，即管理助力企业面向未来。

8.1 经济是什么

经济，简单理解就是经世济民，研究的是如何合理配置资源，提高资源利用效率；如何组织生产，提高劳动生产率，创造物质文明；如何合理分配，既能调动劳动积极性，又能体现社会公平性。有了物质基础的加持，我们可以同步推进社会主义精神文明建设，进一步追求“五位一体”的全面发展。因此，经济是人类谋求幸福生活的前提条件，是世界竞合的焦点，也是各级政府的中心工作。

农业革命之前，人类是地球上一群游荡的精灵，靠采集和狩猎为生；农业革命后，人类主要靠农业种植和畜牧业为生，偶尔通过打猎和捕鱼改善生活；工业革命后，一切都不同了，生活变得多姿多彩；直到现在进入信息社会，人们沉浸在移动互联的虚拟世界里，自娱自乐，感到快乐且满足。在人类漫长的发展过程中，经济形式和经济结构发生了显著的变化，而体现人类改造自然能力的标准就是社会生产力的发展水平。按照西方经济学的观点，生产要素包括土地、劳动和资本等；而当年初中课本《社会发展简史》中的生产力三要素包括劳动对象、劳动工具和劳动者，说的其实是一回事。简单理解，就是劳动者利用劳动工具去改造劳动对象，三要素的结合代表了生产力发展水平，也就是经济水平。

我国现在正在全力推进科教兴国战略，而本书的中心命题是管理，那么科技、管理和生产力有什么关系呢？我们可以用下面这个公式来表达：

生产力 = 科技 ×（劳动者 + 劳动工具 + 劳动对象）×管理

邓小平说，“科学技术是第一生产力”，科技通过影响其他生产要素从而促进生产力的发展。而法国经济学家让·巴蒂斯特·萨伊（1767—1832）认为管理是第四个生产要素，作为组织者的企业家通过管理整合传统生产力三要素形成合力，从而促进生产力的发展。科技可以改善生产要素的质量，而管理可以提升生产要素的利用效率。所以，科技和管理是促进生产力发展的两个“车轮”，需要齐头并进共同促进经济发展，不可偏废，否则就像跳独轮舞，可能会失去平衡。

另外，经济发展和营商环境紧密相关，政府搭建的经济发展平台是企业家的大舞台。良好的营商环境需要完善的要素市场和产品市场，需要完善的法制，需要建立对公民财产安全和人身安全的保障机制，需要通过宏观调控应对市场失灵问题，需要通过建立社会保障机制促进社会和谐。一句话，就是让市场在资源配置中起决定性作用，更好地发挥政府作用。

最后，现在人类已经居住在地球村，经济发展实现了全球化。但是，国家之间并没有建立良好的沟通、协调机制，联合国更像一个协会，某个会员不好好交会费就会影响联合国的正常运转，甚至会影响联合国工作人员的工资待遇。地球村没有村长，导致当今在全球范围内依然存在霸权主义、殖民主义和丛林法则的阴影。因此，军事能力也是经济全球化发展的重要保障。经济是目的，军事是基础。没有军事能力作为后盾，国际化发展一定会遇到各种障碍和壁垒，从而大幅增加商业风险和交易成本。

所以，只有实现强军目标，保障国家的长治久安，把命运牢牢把握在自己手里，通过推进国家治理体系和治理能力现代化从而更好地发挥政府作用，通过科技和管理助力生产力充分发展，通过执行“一带一路”倡议实现全球配置资源和国际化发展，才能与其他兄弟国家一道建立人类命运共同体，尽早实现中华民族伟大复兴的中国梦。

8.2 世界怎么了

近年来，世界好像有点不太平静。一场突如其来的疫情重创了全球经济，检验了世界各国应对危机的能力，也深刻地改变了人们的心理和行为方式，甚至让人们重新思考生命的意义。经济制裁和贸易壁垒大量出现在国际经济合作领域，经济领域的反全球化思潮暗流涌动。巴以冲突、波斯湾和红海的较量此起彼伏，这让“世界警察”业务繁忙，顾此失彼。

那么，世界怎么了？

首先，我们先回顾一下西方发达国家原来的发展逻辑吧。

中世纪结束时，欧洲还没有什么存在感，依旧是亚洲各个帝国的天下，美国还是印第安人的乐园。后来，欧洲沉睡了1000年后终于醒了，发现了美洲新大陆，进入航海时代，通过文艺复兴、宗教改革、启蒙运动、科学革命、资本主义制度的确立，逐渐迈入了工业化国家行列。美国通过独立战争和南北战争，建立了完美的经济发展平台，整合欧洲生产要素，经济得到飞速发展，成为全球经济霸主。通过两次世界大战，奠定了美苏争霸的双极格局。后来，随着苏联解体，终于形成了“一超多强”的世界政经格局。而欧洲因为长期的分裂，失去了领导地球村的机会。二战后日本崛起，中国通过改革开放逐步恢复了经济领域的大国地位，遂奠定了现今的世界政治、经济格局。

那么，获得先发优势的欧美国家是怎么发展经济的呢？其实，它们关注的核心一直是欠发达国家的资源和市场。一开始，它们的手法有点儿粗暴，主要通过军事能力进行侵略，这给诸多国家带来了深重的灾难，甚至是文明的毁灭。经过两次世界大战，奠定了世界政治、经济新秩序，发达国家发展经济的手段也变得貌似文明起来。它们的目标还是资源和市场，手段主要是资本、科技、管理和军事。欧美发达国家以军事为后盾，通过资本、科技和管理整合全球资源，为全球提供产品和服务，最终造福了本国人民。结果是，欧美发达国家老百姓的生活水平远远高于发展中国家和挣扎中的贫困国家，这就是所谓的新殖民主义。

人类从农业革命到现在，发展成果如图 8.1 所示。

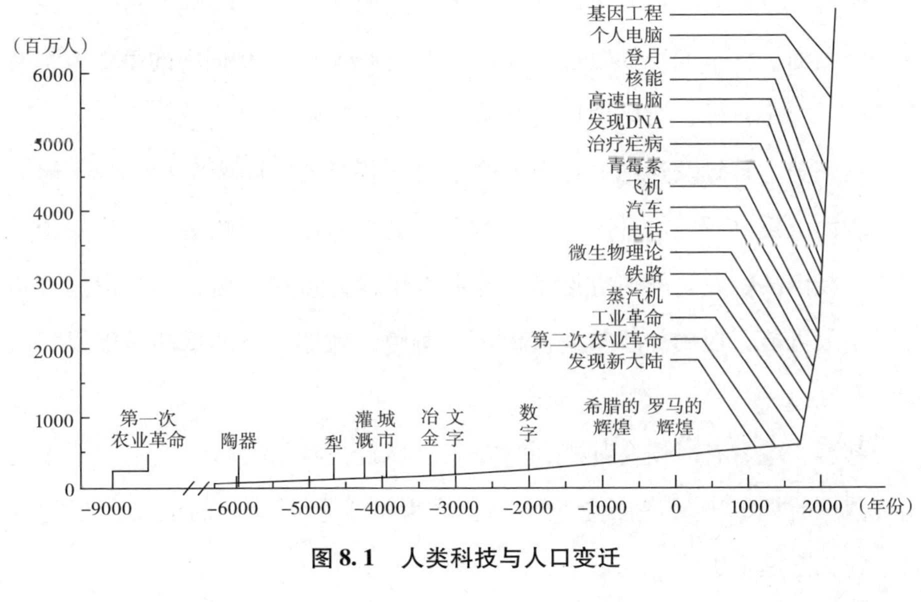

图 8.1 人类科技与人口变迁

结论是，科技、经济和人口同步爆发了，这就是科学革命加持下的工业革命的力量，这股力量是无与伦比、空前绝后的，从这个角度来看，我们生活在最好的时代。

然而，这个曲线合理吗？可持续吗？是的，科技创新的问题来了，原动力方面出现了不确定性。我们可能觉得当前技术突飞猛进、思想百花齐放，但拉长时间周期来看，也许用未来的视角会发现我们已经进入了一个科技发展的平台期，而当下的实践可能并不会在历史上留下太多的记录，就像中世纪的1000年，我们的历史书也写不了多少内容，因为历史书很薄。那么，近期或在我们的有生之年会不会出现某种颠覆性技术引领全球经济腾飞？这难以预测，创新本身就具有很大的不确定性，谁都希望不断涌现科技的奇迹。可是，我们现在有80亿的消费者呢，把我们生活质量的改善完全寄托在黑科技的出现上貌似有点不太靠谱。所以，全球主要经济体的发展速度都下降了，日子都不好过，科技创新乏力和人口增长是问题的根源。

于是，全球经济进入了以存量竞争为主的新时代，这可不是一个理想的和谐画面。存量竞争的时代，地球村已经承载不了80亿中的每个人都有自己的一个小目标，所以地球村开始不断地卷起来。

欧、美、日等发达国家在当下这个时代各有各的问题，日子都不够理想，表面上看好像歌舞升平，其实当下的世界已经处于政治、经济变局的前夜。经济战、贸易战司空见惯。好在由于核力量的制衡，大规模的战争似乎不太可能，但局部战争大概率不可避免，就像当下的俄乌、巴以、波斯湾和红海。

甚至，笔者有时候会乱想，当今的世界是当年的春秋时代吗，会不会出现战国时期的七雄垄断竞争格局，将来世界会不会真的演变成了地球村，村长会是谁呢？

之前提到，发达国家通过输出资本、技术和管理，配置全球资源，面向全球市场，获得经济发展，改善人民生活。但是，一旦技术发展出现瓶颈，技术领先优势逐渐丧失，这个逻辑就不成立了。所以，当下美国疯狂对我国进行技术封锁，高筑贸易壁垒，鼓动制造业产业转移，就可以很好理解了。

还好，管理没有知识产权，没办法搞封锁，我们当下在做好科技创新、进口替代等工作的基础上，更应该全力推进企业管理升级，通过管理实现理性发展，提高效率、降低成本，有效防范企业经营风险。在练好内功的基础上，我们必须坚决执行“走出去”战略，大力推进“一带一路”倡议落地，面向全球市场，特别是发展中国家的市场，在全球配置资源，在地球村发出自己的最强音，做出自己的贡献，获得应有的发展。

8.3 我们还好吗

2023 年慢慢走远，疫情已经成为过去时。那么，后疫情时代的我们，都还好吗？

从数据来看，好像温度还在可控范围内。可是，从个体的实际感受和人们的心理状态来看，这个冬天好像有点冷。2023 年，房价经历了普遍的调整。股市纠结了大半年，到年底又出现了这么大的波动，在胡锡进的陪伴下一起体验翻滚过山车般的感觉。那么，我们的经济怎么了，是新冠疫情的原因吗？

新冠疫情的三年，大家都觉得是疫情影响了我们的经济发展，都盼着疫情早点过去，经济早点复苏，我们好早点回归曾经的幸福日常。然而，疫情后这一年的经历充分验证了我们当初对经济的判断，也就是说，疫情不是造成当下经济局面的主要因素，而是一个次要因素，一个突发的短期因素。在回答这个问题之前，先让我们回顾下历史的进程吧。

500 年前欧洲中世纪结束时，中国是地球上的超级强国。甚至在工业革命开始不久的 1800 年前后，我们的经济实力在世界上也不差，那时中国在我们的心目中依然是全球的中心。1840 年，西方列强用坚船利炮打开了中国的大门，揭开了我们中华民族历史上最悲催的一页，苦难深重的悲剧上演了。其实，那时候虽然科技、工业落后，但更落后的是思想，更致命的是没有组织起来，没有精神意志和凝聚力。后来抗美援朝的经历充分证明了这一点，美国在朝鲜战场的挫折是误判了中国参战的可能性，更是低估了志愿军的战斗力。这也印证了东西方管理思想的底层逻辑差异，美国更重视数据的分析，忽略了人的主观能动性；而中国更注重的是人的因素，靠的是思想和意志。新中国成立后，在苏联老大哥的协助下，我们在经济建设方面进行了卓有成效的实践，但随着中苏友谊的小船闹翻，又历经“文革”的浩劫，我国的经济建设遭受了重大挫折。党的十一届三中全会以来，以邓小平为核心的中央领导集体践行真理标准，坚持实事求是，按照规律办事，开创了中国经济建设和社会发展的新局面。再通过历届领导团队的正确引领，我们逐步发展成今天的模样，在世界民族之林中重新站了起来，但同时面临新的挑战。

那么，美国为什么要限制我们发展呢？美国做出这么多不讲武德的事情当然还是为了自己的利益。同样是生活在地球上的一个人，因为出身不同，出生的地点不同，生活水平存在这么大的差异，这本身就是很不科学的。前面提到，发达国家为了保持这种差异、维持自己的生活水平，一开始是用武力直接去拿的强盗逻辑，现在是靠武力支撑下的经济霸权，靠输出资本、技术和管理去整合资源，销售产品，实现利益目标。在这个逻辑下，发展中国家也不满足于只靠卖资源的初级经济发展模式，也会学习技术、管理，创造资本积累，互相之间便会逐渐失去互补性，从而培养了竞争对手。日本就是一个典型的例子。所以，发达国家只能去寻找新的发展机会。这种逻辑要成立，基于两个前提条件。一方面，要求技术上持续保持领先，技术创新不断取得突破；另一方面，需要有足够多的资源和市场等着领先者去开拓发展。现在，两个方面都出了问题，技术上可能面临瓶颈，先发国家之间的竞争越来越激烈，而“韭菜”却越来越少。于是，世界从此不再太平，表面的风平浪静下是各方面力量的角逐。具体就我国来说，情况就更不一样了。中国是一个令全球垂涎欲滴的大市场，也是一个独立自主的具有东方智慧的大国，我们学习能力很强，而且很勤奋。随着中国经济的高速发展，我们和发达国家的互补性不断降低，而竞争性却不断提高，通过进口替代和创新发展不仅逐步实现自给自足，还大力推进了国际化发展，这不仅使发达国家逐渐失去中国市场机会，还影响到它们的全球利益，所以它们不淡定了。中国是一个高度组织化的国家，我国14亿人凝聚成了一股强大的能量，正在全面实现现代化的大道上急行军。而且，中国拥有自己的军事能力，是一个拥核国家，不像那些小国比较容易被拿捏。所以，各种限制手段来了，也就不奇怪了，比如，技术封锁、资本撤退、市场壁垒、产业链限制等。读到这里，是不是可以更好地理解“一带一路”倡议、“双循环”战略、“科创”战略、“强军”战略呢。

写到这里，我们应该为生活在中国而感到骄傲和庆幸，我们应该为生活在这个即将见证世界政经发展历史的大时代而激动不已。我们应该感谢先人们创造的基础，应该向那些伟大的“两弹一星”元勋们致敬！

华为的伟大是因为员工干得多、说得少，是因为公司挣得多但老板拿得相对少。华为作为一家民营企业，通过科技和管理成为全球通信行业里的翘楚；妥善地处理好政经关系，拒绝了资本市场的诱惑，通过市场整合全球资源，创造了发展奇迹；模范地践行了“财散人聚”的原理，团结了大量科技和管理精英，率先实现共同致富，响应了政府的号召，协同了政府目标和企业目标；低调、务实，开拓进取，科技和管理并举，梦想驱动，境界和格局超越了时代，是各国、各行各业学习的楷模。所以，从美国的视角来看华为特别别扭。华为是唯一，我们不一定学得会，学习华为应该从改变企业家的心智模式开始。在当下经济转型发展阶段，企业发展逻辑和市场竞争方式都发生了变化，有些过去取得成功的企业家，思想、境界和格局可能已经不符合当下企业发展需要。迷信华为是没有意义的，每个企业都有自己的特定情况和问题，需要结合自身实际走出属于自己的成功之路。

面对当下的发展形势，我们应该有清醒的认知。首先，要充分认识到目前经济已经进入发展的新常态，过去的高速发展是阶段性的爆发过程，不能把超速发展当成常态，而当经济回归正常发展速度时就怨天尤人、乱了阵脚；其次，以美国为首的欧美发达国家联手限制我国经济发展，这是符合事物发展规律的，我们应该研究的是如何面对、找出答案，而不是抱怨或幻想；再次，在困难中要看到希望，要明确我们前行的方向，通过创新实现转型发展，并积极参与国际经济合作；最后，要认识到这是经济转型的关键时期，世界各个主要经济体都面临各种困难，而这也是我们建功立业的大时代，我们不应该辜负这个时代，而要勇于担负时代赋予的使命，有所作为。

为了更好地发展，我们对过去发展过程中尚存在的一些问题和争议也需要进行再思考，统一思想。

第一，如何进一步优化营商环境。一是进一步推进法治建设，必须实实在在地抓落实，实现依法治国；二是进一步明确政府的职能边界，其中最重要的是政府如何进一步加强宏观调控，如何对国企进行合理定位，是否可以考虑在国家安全、自然垄断和战略性行业之外，尽量在要素端和市场端充分实现市场化；三是如何让各级政府管理人员能够牢固树立荣辱观，充分践行社会主义核心价值观，如何能够充分担负起作为社会精英群体的先锋模范作用，减少负面行为，为社会提供正能量。

第二，如何持续优化科技创新体制。我们要尊重科技创新的规律，按规律办事，创新不是一蹴而就的，要在继承的基础上通过长期努力去试错、去发现，科创的成功率本身就不高，原创就更困难了，科创不能变成全民参与，否则违反科技发展的规律可能会得到惨痛教训；要充分理解科创发展中企业家的作用，因为主导企业创新发展的通常是企业家，而不可能是科学家；要注重研究大学、科研院所、企业目前的创新效率和发展趋势，合理分配科技资源，提高资源利用效率。某种程度上，我们应该反思过去科技发展中存在的问题，有针对性地予以解决；也许首先要继承和学习，缩小差距，解决“卡脖子”问题，推进进口替代，再追求原始创新，不能太功利，不能太想当然。

第三，人才吸引和保留问题。我们要研究如何搭建事业的舞台，吸引全球顶级科技人才到我们的平台上开展科创事业，这很重要，这一点对美国过去的成功是非常关键的。另外，我们也要研究当下体制内的工作这么热门是否属于正常现象，存在什么问题，是否要做出一些调整。

第四，当下国民的三观问题。马斯洛需求层次理论说明，人在物质不富裕的时候，面临基本的生存需要，对物质激励非常敏感。而当人的物质条件改善后，就会有更高的需要，如社交的需要、尊重的需要、自我实现的需要。自改革开放以来，随着市场经济的不断深化发展，物质需要逐步得到满足，而人的更高层次的需要有没有被充分激发呢，人的行为动机有没有实现从物质驱动到价值驱动、梦想驱动的转化呢，这是一个值得深思的问题，因为这个问题会严重影响后续的科技创新和经济发展。在这个问题上，我们要评估作为社会精英的政府工作人员，企业管理人员，科技、教育、文化界人士是否都尽到了责任，发挥了先锋模范作用和带头作用，在日常工作和生活中倡导了正确的三观。

第五，人口问题。一个国家人口不足，一定会影响经济发展；但如果人口失控，也一定会是灾难。通过观察可以发现，农业社会物质条件不丰富，但在生育方面不含糊，基本上是顺其自然，来的都是宝；当经济条件比较优异时，人们也通常选择多胎生育，人们本质上还是喜欢孩子的。而我们当下恰恰是物质得到一定改善，但又不是非常丰富，抚养孩子的成本又比较高，而且现在年轻人在就业方面竞争非常激烈，再加上互联网使人们的思想都比较开明了，所以生育率下降，人口开始减少，从而印度成了全球第一人口大国。但我们也完全没有必要太紧张，控制人口数量、提高人口素质，依然是比较明智的人口政策；后面，我们应该关心的问题是人口结构失衡，而不是绝对数量的下降，并进一步通过相关人口政策进行调节。

第六，关于教育体制改革。这里主要探讨的是高校教育，需要研究的是以下两个问题：其一，本科生、硕士研究生、博士研究生的招生总量和结构是否很合理，和经济社会发展需要是否相匹配，或者是否只是适当超前规划；如果供大于求，大学生就业困难，这不仅是社会资源的浪费，对大学生也不公平，有可能存在不稳定因素。其二，大学老师有没有好好搞本科教育，还是都忙着科研项目，而这些项目有没有创新意义，是不是大量都是在做横向课题挣钱。

第七，如何倡导长期主义。国际经济形势发生了很大变化，我们面对的内外部发展环境都发生了变化，而我们如何倡导国民放弃短期、功利思维，如何让国民调整走捷径的心态，扎扎实实修炼内功，树立长期主义的思想呢。

这些问题，阐述的不一定准确，也不一定客观，但本着有则改之、无则加勉的原则，多一些关注和探讨，肯定会有一些价值。

当然，我们也要看到自身所具有的独特优势。

第一，祖先为我们留下的绿水青山得天独厚。我国幅员辽阔，资源丰富，处在黄金维度之上，总体来说安全性也有很好的保障，只要我们不犯大的错误，能够长期保持稳定的发展环境，与民休息，想不发展都难。

第二，我们有丰富的人力资源。这一方面对很多国家来说都是望尘莫及的，经济发展要靠人，将来国际化发展也需要大量国际化人才，这一方面我们有充分的资源储备。

第三，我们有完备的工业体系。通过多年的持续发展，我们建立了世界上最完备的工业体系，这是独特的优势。

第四，我们有全国统一大市场。这也是我们的一个独特优势，我们市场足够大，可以进行良好的内循环。

第五，我们有完备的科技体系。依靠我们的规模优势而建立的产、学、研相结合的科技体系做出了非常大的贡献，是我们未来发展的重要抓手。

第六，我们的朋友圈。我们开放、平等、共赢的交友原则获得了国际上诸多国家的认同，通过我们的持续努力，我们的朋友圈好友一定会越来越多。

第七，我们有成熟的领导体制和军事保障。这也是我们立足本土、走向世界的根本保障。

那么，我们还好吗？到这里该回答这个问题了。

其实，通过上面相关内容的分析，我们应该已经有了答案。全球经济形势总体都不太理想，技术创新乏力是根本原因；而随着国民经济的长期持续发展，我们和欧美发达国家经济互补性降低，竞争性增加，所以产生了诸多经济和贸易冲突；幸运的是，我们手里的牌还不错，可以支撑我们去展望未来；我们应该做的是调整心态、取长补短，发展新质生产力，坚定推行国际化发展战略，团结全国各族人民，以足够的耐心和坚强的意志面对全球化的挑战。

我们应该坚定“四个自信”，对未来充满信心。

8.4 企业怎么办

前文介绍了企业发展面临的国际国内形势，说明整个经济环境和经济逻辑都发生了变化，这不是一个简单的经济周期问题。那么，从一个企业的角度来看，企业家应该如何应对呢？目前，埃隆·马斯克的移民火星计划还处于畅想阶段，火星上面的事业发展和生活平台还不靠谱，我们干事业还应着眼于在地球村范围内；另外，生物医药技术虽然日新月异，但是依然不能解决人类生命长度的有限性问题。所以，我们还是在一定的时空范围内来探讨企业家的角色，以及如何看待事业、财富和人生吧。

◆企业家是伟大的组织者

用系统论的方法来分析，企业就像一个黑箱，有输入和输出。输入被称为“生产要素”，如劳动力、机械设备、资本、土地、厂房、专利等；而输出被称为“产品”或“服务”，是为了满足客户的特定需求。资本可以作为股份的投入，从而获得盈利的分配权；也可以作为债权，从而获得利息回报。专利技术可以作为技术入股，从而通过持有股份获得盈利的分配权，也可以通过接受雇佣实现自身价值。其他要素的情况也类似。这里要区分一次分配和二次分配的问题，一次分配是按照工作业绩，二次分配是按照股份占比。这里还要明确一点，无论生产要素还是产品或服务，在一个有效的市场中，价格都是由供需决定的。这里面，只有企业家才是真正的组织者，企业家发现机会并建立一个可行的商业逻辑，换句话说就是制定战略及商业模式，然后组织资源来实现战略目标，从而实现经济效益。而利润，是企业经营成果的体现，是企业可持续发展的前提，是企业进行创新发展的基本保证，可以有效地防范企业运营风险。所以说，企业家是伟大的组织者，企业家通过管理提升资源配置效率，是经济发展的动力和源泉，是一种稀缺资源。

◆企业家是科创的领导者

当下国家大力推进科创战略，鼓励通过技术创新带动经济发展，发展新质生产力，于是很多人就理解成科学家可能会成为科技企业的领导者，带领企业闯荡市场。其实，科学家和企业家是不同的角色，并且差异非常大。科学家是一个领域的专家，而企业家通俗地讲是一个生意人。不排除有的科学家可以成功转型为企业家，但更多的科学家是无法胜任企业家的角色的。企业家需要了解市场，从需求出发建立可行的商业逻辑，这是企业家的特长，也是企业家具有的核心能力；需要协调各种资源把业务做好，推动企业良性发展；需要高超的领导艺术，具备优秀的团队管理能力，善于激发团队的工作热情；同时，需要协调诸多企业外部关系，为企业经营创造良好的条件。而这些要素都不是典型的科学家会具备的，所以企业家才是一个胜任的组织者，是科创的领导者。

这里需要做个提醒，科技创业是一个高风险的事业，创新创业的成功率并不高，作为一个企业家要合理平衡风险和收益，不能把希望完全寄托在一个高风险的事业上。

◆企业家应该如何看待事业

企业是企业家实现人生价值的平台，有的企业家把企业看成自己的一个孩子，也有的企业家把企业看成自己的第二生命，可见企业对企业家来说意味着什么。

在当前形势下，企业家应该把握行业发展趋势，充分认识到经济转型过程中对企业家经营能力的新要求，不能陶醉在过去的成功之中，更不能沿用之前的思维和管理方法来经营企业，因为环境变了，打法也就变了。企业家要调整好心态，学会用出世的心态做入世的事业，保持一颗平常心。

当前，有许多行业都进入了调整期，在这种情况下，企业要么有独特的市场定位可以实现差异化竞争，要么只能通过各种手段比对手做得更好，要保持适当的规模，注意防范经营风险，以平稳度过周期。一事精致，便可动人，发扬工匠精神、做一个细分市场的隐形冠军也不失为一个很好的选择。

有条件的企业，应响应国家号召，顺应时代潮流，推动创新发展。科创风险比较大，但成功后的回报也比较高，科创代表未来的方向。德鲁克说过，企业的主要职责就是创造顾客，并实现创新，说的也是这个道理。

有条件的企业，应该理性地推进国际化发展，到国际市场上去配置资源，为全球客户服务，这一定是我们未来经济发展的方向。

◆企业家应该如何看待财富

通常，企业家的财富已经远远超越自身家庭的消费需求，早已实现财务自由，而财富更多是体现企业家自我实现的程度，作为企业家能力的一个证明。企业家不仅要会创造财富，更要学会如何支配财富，通过财富的合理配置为人类造福，实现企业家的人生价值。这方面的案例很多，但对我国的企业家来说还有大量的实践空间。

有时候，财富对企业家来说就像打麻将时用的筹码，胜者最终聚集了很多筹码，体现了胜者的牌技和运气，但最终朋友们玩牌也不一定要把筹码兑现，有时候要的就是这种赢的快感，而不是真的拿到钱。其实，超越了需求的财富最终也一定会留给社会的，既然这样，那为什么不做一些自己认为有价值的事情呢。赚钱是技术，花钱是艺术。

◆企业家应该如何看待人生

香烟明明对人健康有害，并且都在盒子上面标注了“吸烟有害健康”的警示语，但有的广告却以富有哲理和深度的形象出现。比如，红塔集团的“山高人为峰”，红金龙的“思想有多远我们就能走多远”。而利群的广告则说出了与人生有关的哲理，他们的广告语中说，“人生就像一场旅行，不必在乎目的地，在乎的是沿途的风景以及看风景的心情”。是的，这句话特别适合表达应该建立怎样的人生观。人生就像一场旅行，不是不在乎目的地，而是人们的目的地都一样，所以差异只体现在过程中，重点是看你心情如何，看到的风景是不是很美。所以，金庸先生说，人生就是“大闹一场，悄然离去，相忘于江湖”，表达的意思基本是一致的。

我们可爱的企业家，伟大的组织者，您领悟到人生的真谛没？

8.5 管理来赋能

8.5.1 管理创造价值

没人会否认管理的重要性，但目前在实践中忽视管理的企业很常见，有些企业，业务多的时候忙生产，没时间抓管理；业务不足时忙营销，没心情抓管理，结果可想而知。那么，管理在企业发展中的定位究竟是什么，如何正确认识管理的价值呢？

企业的本质就是通过整合资源为客户提供产品或服务来获得回报，这就可以看出资源整合、经营和生产的重要性，管理者重视经营和生产、企业家重视整合资源也是天经地义的。但是，要提醒各位不要忽略技术创新和管理创新的价值，它们本质上是能够帮助企业更好地整合资源为客户服务的。技术创新是经济转型阶段的热点话题，是未来经济发展的新动能，通过技术创新可以带动生产力的发展，为人类创造美好生活；而管理创新可以提高整合资源的效率，提升组织执行力，降低成本，防范风险，实现更多、更快、更好、更省、更安全的发展目标。

有观点认为管理领先于业务是很抓狂的，好多企业是因为管理过度而衰败的。这个观点有一定的道理，管理是一门实践学科，按照德鲁克的说法，其本质不在于知，而在于行；其验证不在于逻辑，而在于成果。管理必须与企业发展实际情况相吻合，它没有标准答案，合适的才是最好的。

从企业发展规模来看，企业规模越大，管理越重要。而处于发展初期的创业型企业，业务相对比较简单，在企业发展和管理方面主要依赖创业者的个人能力，企业发展的瓶颈通常是业务的可持续性；随着企业不断发展，业务规模和人员规模迅速扩大，管理的价值逐步得到体现。管理方面不能与时俱进的企业，往往在这个发展阶段会遇到管理瓶颈。曾经有位企业家，作为一个项目经理非常成功，做企业的时候却非常痛苦，就是因为突破不了管理瓶颈。

从行业结构来看，垄断性行业容易忽视管理，而竞争性行业普遍重视管理。这个道理是比较容易理解的，垄断性行业因为缺乏竞争，利润空间比较大，对管理提升没有迫切需求；而竞争性行业，如果管理不到位，企业将因为管理不善缺乏竞争力而被打败。

从业务性质来看，技术含量高、创新型的企业，利润空间相对较大，容易忽视管理。而传统制造型企业，就必须重视管理，否则很容易造成亏损。

从供需平衡的角度来看，成熟型的市场比成长型的市场更需要管理。当市场行情好时，企业都不缺业务，管理往往容易被忽视或弱化。而当市场竞争激烈，面临存量竞争时，行业必将面临整合洗牌的考验，管理肯定会体现其应有的价值。

结合上面的论述，我们来回顾下华为的案例。通信行业是个垄断竞争性行业，技术含量比较高，而且华为特别重视企业管理，是很多中国企业的管理标杆，所以华为有今天也就可以理解了。

俗话说，钱不是万能的，但没有钱是万万不能的。我想说，管理不是万能的，但没有管理是万万不能的。管理上有个木桶原理，即最短的那块木板的高度决定木桶能装多少水，管理千万不要成为企业发展中的短板和障碍。管理也许不能确保企业成功，但管理不善往往会导致企业失败。

8.5.2 管理没那么难

从管理咨询工作的实践来看，管理咨询服务的需求是持续增长的，有效的供给却是不足的。企业往往觉得外部顾问解决问题的能力不够，而外部顾问往往觉得企业的执行不到位，结果是大量咨询项目方案落地难，效果不佳。企业管理难题不能得到有效解决，觉得提升管理水平好难，一筹莫展。

企业管理真的有那么难吗？那就让我们来看看企业是如何尝试去解决管理问题的。

很多企业家第一步可能会去参加一些管理培训。挣钱不容易，解决问题得考虑成本，培训费用毕竟还是很容易接受的。培训当然有价值，即使浏览微信朋友圈的鸡汤文也是有价值的，博采众长嘛。但是，学习也讲究系统性，讲究体系，如果管理者没有系统地把握管理的体系，总是进行碎片化的学习，听谁说得都有道理，就是不知道自己企业的问题在哪里，该怎么解决问题。这对于很多成长型民营企业是很常见的，很多企业家学历不高，都是从市场中打拼出来的，也认识到了自己的短板，现在有条件了特别注重学习。以前有个同事曾说，就怕客户老板出去参加培训，出去一次一个主意，方案跟着老板不停地调整，没完没了。这就是学习缺乏系统性的体现。

培训没解决问题，那去请个顾问老师到企业来指导指导吧。好多企业家首先想到的就是请大学管理学院的老师来帮忙，民营企业家可能当初没机会上大学，觉得大学很神圣，大学老师很有能量，对大学老师存在特殊的崇拜感和认同感。大学老师专业性当然没问题，而且研究的都是管理学前沿问题，并经常在核心期刊上发表文章。可是，大多数企业遇到的问题并没有那么高深，是中国企业在特定发展阶段遇到的特定问题，通常并不需要前沿管理理论的指导。当今我们学习运用的好多管理理论历史并不长，主要来自欧美工商界过去一个多世纪的企业管理实践，是基于欧洲哲学和社会学等基础，逐步发展而来的。别忘了，德鲁克当初也是注重管理实践而不被理论界认可的，却成功圈粉众多企业家。要解决中国企业目前面临的问题，必须理解中国经济和中国企业，感同身受地去理解中国企业家，设身处地地为企业解决实际问题。

很多企业会请管理咨询公司来协助解决问题，咨询顾问处于理论和实践之间，可以更好地理论联系实际，这个选择无可厚非。虽然成功合作的案例很多，但总有一些合作依然会出现很多问题。一是客户需求不清晰，不知道自己想要什么，为了划算，拼命往合同里加内容，结果抓不住重点，消化不了；二是客户对管理顾问的期望值太高，好像管理顾问是灵丹妙药，肯定能药到病除，这样的期望肯定也是不现实的；三是客户的执行力有时候是个问题，比如，初创阶段的民营企业往往缺乏能够执行的人；四是客户在选择顾问团队时可能出现偏差，可能被培训师忽悠了，也可能因为采用公开招投标等方式出现了不可控的情况，结果可能就不太理想了；五是咨询公司为了签单，很可能过度承诺，在交付过程中兑现不了；六是有些咨询公司的品牌和业绩都没问题，但可能派到现场的顾问经验和业绩不过硬，结果项目实施过程中就会比较纠结。成功的项目都比较相似，失败的项目原因各异。

终于，有一些企业想到了进口，这些理论都是从欧美学习过来的，何不直接找个欧美的咨询公司来合作呢，便宜没好货，好货不便宜，贵总有贵的道理。于是，跨国咨询公司来了。有些合同标的确实是比较震撼的，合作的成功案例当然有，但依然会有很多不成功的合作。那么，问题又出在哪里？

到这里，有些企业已经没有头绪了，与其纠结管理难题，不如去搞经营吧，最终结果可能是低水平重复，发展瓶颈无法突破。那么，提升企业管理真的就这么难吗？

企业管理究竟说的是什么？概念非常多，各有各的说法。但我们认为理解管理需要抓住核心，抓住系统性。根据我们的理解，管理体系主要由三大系统组成：目标、游戏规则和机制。目标，是指发展方向问题，包括我们通常讲的战略、目标、计划和运营控制等，这是指挥棒，解决的是“干什么”和如何控制的问题；游戏规则，主要是指组织、分工、授权、制度、流程等，解决的是“怎么干”的问题；机制，主要包括绩效、薪酬、职业发展等，解决的是“为什么干”的问题。其他很多概念和问题都是术的层面的问题，时髦的概念不胜枚举。这么说起来，是不是感觉管理好像也没有那么难。

那么，如何提升企业管理水平呢，如何能使企业管理创新更有成效呢？这个问题很大，但是我们依然可以给实践界、理论界、咨询界的朋友们提点参考建议。

对于实践界，我们提出如下建议：

第一，提升领导力。在企业发展的同时，掌舵人必须进行系统学习，和企业一起成长。企业家格局和境界一旦落后于企业的发展，企业家本身一定会成为企业发展的障碍，这也是很多咨询项目不能很好落地的原因。改变一个人很难，改变一个成功的人更难。

第二，发挥企业自身在管理提升工作中的主导作用。管理创新必须由企业自身来主导，能独立完成的工作可以自行推动，需要协助的工作采取科学合理的协作方式，提升合作效果。

第三，从业务能手到组织高手的转变。企业发展到一定阶段，企业家本身必须学会搭班子、定战略、带团队，做到知人善任，要学会分工和授权，实现自身的转型。只有这样，才能实现人才万马奔腾、事业基业长青。

对于理论界，我们提出如下建议：

第一，理论联系实际。只有理论联系实际，才能实现理论创新，才能体现理论指导实践的价值。崇洋媚外、孤芳自赏，必将成为中国企业管理实践的门外汉和旁观者。

第二，创立基于中国企业实践的东方管理思想和理论。20 世纪是美国的世纪，而 21 世纪中国将有很大的机会。随着中国综合国力的持续提升，中国企业也一定会创造卓越的商业实践成果，基于中国企业实践的管理思想和理论一定会产生。在这个伟大的发展征程中，一定会有一些管理学家脱颖而出，希望您不要缺席。

对于咨询界，我们提出如下建议：

第一，勇于实践。要多学习理论知识，多搞调查研究，虚心向客户学习，切实为客户解决问题，获得客户认可。

第二，绿叶精神。管理顾问的角色永远是绿叶，企业家才是红花。做管理顾问，永远都不会发财，永远都不会站在舞台中央，甚至都上不了舞台，如果你想跳舞，请转换轨道。管理顾问，要有士的精神，要淡泊名利，要用客户成功来体现顾问的人生价值。咨询是一场修行。

管理其实没有那么难，难的是如何改变目前的管理生态。经济在转型，管理必须升级，管理的价值必将得到充分体现。

8.5.3 管理没那么简单

管理体系的核心内容主要由三大系统组成：目标、游戏规则和机制，看起来也没有那么难。那么，为什么企业管理问题层出不穷，很多管理者觉得管理企业很麻烦，对管理有畏难情绪呢？根据我们的咨询实践和观察，总结企业管理提升可能面临三个方面的挑战和困难。

◆做老板容易，做企业家难

企业掌舵人的格局和境界决定了企业发展的高度，企业“一把手”对管理重要性的认识和对管理提升工作的支持力度决定了管理创新的成败。自改革开放以来，通过体制、机制的创新，在社会主义市场经济大环境下涌现了很多工商实践界的弄潮儿，沐浴着改革开放的春风成为先富起来的少部分人，大大小小的老板多了起来，甚至大学教授都成了学生的老板。然而，很多老板有可能是靠胆识、机遇、运气短期内暴发了，甚至是靠非常规手段快速积累了财富，他们往往认为是自己能力强、有本事才获得成功，对管理和团队的价值没有认知，自身的能力素质没有与时俱进，滞后于企业的发展需求，老板本身成为企业发展的瓶颈。而作为一个企业家，能力素质要求是比较高的。其一，企业家是一个服务于利益相关者对社会做出巨大贡献的人，财富并不是衡量企业家的唯一价值尺度；其二，企业家是一个有人生理想并为之执着奋斗的人，企业家不是空想家；其三，企业家是一个具有人格魅力能够感召别人的人，企业家必须有人追随形成团队；其四，企业家是一个目标明确并善于执行的人，对决策和管理比较专业；其五，企业家是一个善于学习并教导他人的人。对比以上企业家的几条标准，其实现实中所谓的企业家有一些还只是个小老板或暴发户，甚至于还没活明白。从创业者到企业家的转型并不容易，企业做大了能力达不到也是很痛苦的，这也是很多企业管理混乱而又无法理顺的死结。

◆规划容易，落地难

无论国有企业还是民营企业，都会制定中长期发展规划，根据过去的经验，好多企业规划完了可能就束之高阁了，这是什么原因呢？我们发现，好多企业都没有建立一套完善的计划运营系统，甚至有的企业信息系统不完善，盈亏都弄不清楚，这样的基础管理水平规划落地当然困难。产生这个问题的根本原因，还是领导重业务轻管理，没有正确认识管理的价值。涨潮的时候鱼多，赤膊上阵只管抓鱼，而当退潮的时候可能会成为尴尬的裸泳者。

◆制定规则容易，执行难

我们经常讲，管理制度化，好多企业制度很全，执行却不太理想，可能有以下几个原因。一是制度脱离业务发展现状，不符合实际情况；二是领导制定规则，却又带头破坏规则，做了坏的榜样，可能自己还没意识到，因为我是老大，我说了算，我就是制度；三是奖惩机制不健全，员工没有积极性；四是管理混乱，企业氛围差，员工没有归属感，得过且过。制度得不到执行，依法治企成为一句空话，管理问题就出现了。

以上三点分析，把管理问题的产生最终都归为人的因素，包括领导者和员工。制度是死的，人是活的，人是有主观能动性的，并且是有创造性的。有人讲，企业管理的问题归根结底都是人的问题，这句话也不无道理。而人的改变是很困难的，缺乏学习、不能与时俱进的人往往都是思维近视、行为惯性的。然而，企业生存的外部环境是不断变化的，运动是绝对的，静止是相对的，为了生存和发展，再难也得去适应。企业管理体系本身并不复杂，谈不上有多大的技术含量和理论高度，管理创新的难点在于改变人，在于团队建设。

作为企业的领导者，需要树立正确的三观，注重系统学习，与企业一起成长；必须注重团队建设，尊重人；而且，必须有平台化思维，懂得分享，把钱分好。

带团队，要做到三点：用制度去管控、用机制去调动、用文化去感动。要想员工树立主人翁思想，以企为家，企业首先得像个家。

所以说，管理没那么简单，关键在于人，在于影响、塑造、改变人，核心在于领导者能够与时俱进、带好团队。要想提高执行力，先得改善领导力。

综上所述，目前全球经济处于低谷徘徊阶段，而中国经济正处于转型升级发展新阶段，作为企业家必须认清经济发展的形势，与时俱进，合理平衡传统业务和新业务之间的关系，传统业务需要有转型发展新思路，创新型业务要充分尊重科创企业的发展规律，提高创新发展的成功率。在发展过程中，企业家要注重管理的价值实现，运用管理赋能企业转型升级和创新发展，顺应时代发展趋势和潮流，争取实现国际化发展，为中华民族伟大复兴贡献自己的一份力量！

最后，以一首小诗《梦想的力量》送给伟大的组织者——企业家，让我们携起手来，一起开创美好的未来！

祝大家一路好心情！

参考文献

[1]德鲁克. 经济人的末日[M]. 洪世民,赵志恒,译. 上海:上海译文出版社,2015.

[2]德鲁克. 工业人的未来[M]. 余向华,张珺,译. 北京:机械工业出版社,2009.

[3]德鲁克. 公司的概念[M]. 慕凤丽,译. 北京:机械工业出版社,2009.

[4]德鲁克. 管理的实践[M]. 齐若兰,译. 北京:机械工业出版社,2009.

[5]德鲁克. 卓有成效的管理者[M]. 许是祥,译. 北京:机械工业出版社,2005.

[6]巴纳德. 经理人员的职能[M]. 王永贵,译. 北京:机械工业出版社,2013.

[7]波特. 竞争战略[M]. 陈小悦,译. 北京:华夏出版社,1997.

[8]波特. 竞争优势[M]. 陈小悦,译. 北京:华夏出版社,1997.

[9]雷恩. 管理思想史[M]. 孙健敏,黄小勇,李原,译. 北京:中国人民大学出版社,2009.

[10]姜杰．管理思想史[M]．北京:北京大学出版社,2014.

[11]揭悠纹．管理思想史[M]．北京:清华大学出版社,2011.

[12]法约尔．工业管理与一般管理[M]．王莲乔,吕衎,胡苏云,译．成都:四川人民出版社,2017.

[13]沃尔顿,罗考夫．美国经济史[M]．王珏,钟红英,何富彩,等,译．北京:中国人民大学出版社,2013.

[14]戴蒙德．枪炮、病菌与钢铁[M]．谢延光,译．上海:上海译文出版社,2016.

[15]赫拉利．人类简史[M]．林俊宏,译．北京:中信出版集团,2017.

[16]秦泉．世界上下五千年[M]．汕头:汕头大学出版社,2013.

[17]吴晓波,穆尔曼,黄灿,等．华为管理变革[M]．北京:中信出版集团,2017.

[18]金光熙．管理变革[M]．上海:上海人民出版社,2002.

[19]郭平．常变与长青[M]．深圳:深圳出版社,2023.

[20]李书玲．组织设计[M]．北京:机械工业出版社,2016.

[21]丛龙峰．组织的逻辑[M]．北京:机械工业出版社,2020.

[22]周永亮．变革领导[M]．北京:经济管理出版社,2007.

附　录

梦想的力量

——致伟大的组织者

废墟中你胸怀梦想，
奋进中你乘风破浪；
波折中你暗自神伤，
浓雾中你追寻光亮。
也许曾经孤独迷茫，
选择相信多难兴邦；
也许心中凄苦惆怅，
选择勇敢历难弥强。
春风送暖改革开放，
企业沐浴雨露阳光；
追求卓越发展茁壮，
摧枯拉朽莺飞草长。
感恩回报相关各方，
社会责任勇于担当；

携手员工共同成长，
事业伙伴利益分享。
新的时代新的方向，
一带一路大胆去闯；
筚路蓝缕远走他乡，
家国万里扬帆远航。
虽然远离祖国母港，
国家强大威震海疆；
父母嘱托语重心长，
子女成长壮我臂膀。
海外竞争虎豹豺狼，
枕戈以待猎枪上膛；
潇洒驰骋国际市场，
诚实守信华夏儒商。
科技创新前路漫长，
砥砺前行从不彷徨；
管理赋能成就梦想，
伟大复兴势不可当。

后　记

没有填报志愿的大神相助，我筚路蓝缕，历经学习、实践、咨询，上下求索了 30 年。

疫情期间的大量阅读及对过往咨询工作的回顾和反思，我用了 3 年。

开发“企业管理的逻辑：结构、演变及应用”这门培训课程，我用了 3 个月。

接着，完成这本书的初稿，我用了 30 天。

读者读完这本薄薄的书，也许不超过 3 天。

明明接受了很好的高等教育，可以选择过上那种安逸、从容、体面的生活，却在路口选择了另一个方向，一路跌跌撞撞摸索到今天，美其名曰是为了追求自由、平等和更好地发展。可是执着前行了这么多年，并没有体验到这边风景独好，而是历经了过程中的酸甜苦辣。终于明白，人生路上每个人都有自己的精彩，关键是要有个好心情。

这本书，对于我个人来说具有一定承前启后的意义。这是我对过往人生旅程中学习、工作和生活的回顾与总结，凝聚了我多年的体会和感悟。从外部环境来看，世界政治、经济面临历史性的大变局，中国经济面临转型升级和国际化的挑战，改革开放进入纵深推进的下半场，机遇、风险和不确定性并存；从个人方面来看，历经疫情期间的学习、反思和人生的考验，也即将步入职业生涯的下半场。这就是我们的时代，无论前方是阳光大道还是风雨交加，我们都必须面带微笑、继续前行，因为这是唯一的答案。

“三人行，必有我师焉。”感谢在人生道路上为我提供无私帮助的老师们，是你们教会我知识和做人的道理，为我走向社会奠定了基础。

感谢一路走来亲密合作的各位同人，在团队合作、共创佳绩的同时，我们也收获了支持、友谊和感动，咨询因为有你们而更精彩。

也要感谢引领我入行的朋友，更要感谢聘用我的首家管理咨询公司，是你们让理想照进现实，帮助我开启了咨询顾问的职业生涯。

当然，要感谢给我以最大支持的家人们。你们无条件地支持我作为一个管理咨询顾问的职业选择，包容我在家庭职责履行方面的不足；你们坦然接受我的工作性质，哪怕我以酒店为家、以家为酒店，哪怕我的角色永远是担当客户企业的绿叶，永远是站在舞台下为企业家鼓掌，哪怕我的职业注定此生与财富无缘。是你们给予我前行的力量！

感谢在本书写作过程中给予帮助的朋友们，包括但不限于邹世颜、谭京涛、程平、薛晓松、李效飞、陈龙等。

非常感谢中国经济出版社帮助出版、发行本书，感谢贺静、张利影在编辑、出版、发行工作中的辛勤工作，通过我们一起努力才使本书有了今天的样子。

最后，要诚挚地向曾经服务过的所有企业和企业家表示感谢，你们是真正的英雄，是伟大的组织者和实践者，是你们为我们提供了实现价值的机会，我们从你们的实践中受益良多，未来要继续向你们学习，为你们鼓掌！

春节到了，春暖花开的日子还会远吗？

说实在的，我也不知道。

不过，这个冬天确实有点冷。

那么，让我们为您披上一件品牌叫“管理”的外衣好吗？

2024 年 2 月